Softwareentwicklung kompakt und verständlich

Hans Brandt-Pook · Rainer Kollmeier

Softwareentwicklung kompakt und verständlich

Wie Softwaresysteme entstehen

2. Auflage

Hans Brandt-Pook
Bielefeld, Deutschland

Rainer Kollmeier
Bünde, Deutschland

ISBN 978-3-658-10875-5   ISBN 978-3-658-10876-2 (eBook)
DOI 10.1007/978-3-658-10876-2

Die Deutsche Nationalbibliothek verzeichnet diese Publikation in der Deutschen Nationalbibliografie; detaillierte bibliografische Daten sind im Internet über http://dnb.d-nb.de abrufbar.

Springer Vieweg
© Springer Fachmedien Wiesbaden 2008, 2015
Das Werk einschließlich aller seiner Teile ist urheberrechtlich geschützt. Jede Verwertung, die nicht ausdrücklich vom Urheberrechtsgesetz zugelassen ist, bedarf der vorherigen Zustimmung des Verlags. Das gilt insbesondere für Vervielfältigungen, Bearbeitungen, Übersetzungen, Mikroverfilmungen und die Einspeicherung und Verarbeitung in elektronischen Systemen.
Die Wiedergabe von Gebrauchsnamen, Handelsnamen, Warenbezeichnungen usw. in diesem Werk berechtigt auch ohne besondere Kennzeichnung nicht zu der Annahme, dass solche Namen im Sinne der Warenzeichen- und Markenschutz-Gesetzgebung als frei zu betrachten wären und daher von jedermann benutzt werden dürften.
Der Verlag, die Autoren und die Herausgeber gehen davon aus, dass die Angaben und Informationen in diesem Werk zum Zeitpunkt der Veröffentlichung vollständig und korrekt sind. Weder der Verlag noch die Autoren oder die Herausgeber übernehmen, ausdrücklich oder implizit, Gewähr für den Inhalt des Werkes, etwaige Fehler oder Äußerungen.

Springer Fachmedien Wiesbaden GmbH ist Teil der Fachverlagsgruppe Springer Science+Business Media (www.springer.com)

Geleitwort

Es gibt kaum einen gesellschaftlichen Bereich, der sich nicht mit der Frage befasst, wie die neuen Möglichkeiten der Informationstechnologie unser Leben verbessern können. Als global agierender Next Generation IT Systemintegrator konzentriert sich arvato Systems auf Lösungen, die die digitale Transformation unserer Kunden unterstützen.

Grundlage für die erfolgreiche und nutzbringende Gestaltung dieser spannenden Zukunft ist eine exzellente Ausbildung derjenigen, die diesen Wandel in den nächsten Jahren vorantreiben werden. Die Ausbildung des IT-Nachwuchses hat bei arvato Systems eine lange Tradition und stellt auch heute einen sehr wichtigen Baustein unseres Erfolges dar. Stets wird die Ausbildung unterstützt und angereichert durch die vielfältigen Erfahrungen der Kolleginnen und Kollegen in den IT-Projekten.

Das vorliegende Buch bringt den Leserinnen und Lesern Grundlagen der Softwareentwicklung nahe. In den vorgestellten Modellen, Methoden und Beispielen spiegeln sich die besten Erfahrungen aus der Praxis wider. Es ist für die Ausbildung geschrieben und leistet so einen wertvollen Beitrag dazu, dass der IT-Nachwuchs für die Entwicklung der digitalen Zukunft gerüstet ist.

Möge dieses Buch Ihre Neugierde wecken und viele neue Erkenntnisse ermöglichen. Ich wünsche allen Leserinnen und Lesern einen großen und auch vergnüglichen Lernerfolg!

Gütersloh, im Frühjahr 2016

Matthias Mierisch
CEO arvato Systems

Über arvato Systems
arvato Systems entwickelt als Systemintegrator zukunftssichere IT-Lösungen, die Kunden agiler und wettbewerbsfähiger machen sowie innovative Businessmodelle erschließen. Darüber hinaus integrieren die IT-Experten passende digitale Prozesse und übernehmen den Betrieb sowie die Betreuung von Systemen. Im Verbund der zum Bertelsmann Konzern gehörenden arvato können gesamte Wertschöpfungsketten gestaltet werden. All das passiert stets mit dem Fokus, andere Unternehmen bei der digitalen Transformation zu begleiten und sie zu unterstützen.

Vorwort

Dies ist ein Buch über Softwareentwicklung. Du kannst lernen, wie ein Softwaresystem entsteht. Im Groben betrachten wir in diesem Lernbuch drei Aspekte der Softwareentwicklung:

- Den Prozess der Herstellung eines Softwaresystems: In welchen Phasen entsteht typischerweise so ein Computerprogramm? Was kennzeichnet die Phasen und wie hängen sie zusammen?
- Methoden in der Softwareentwicklung: Welche Hilfsmittel gibt es, die bei der Softwareentwicklung eingesetzt werden können? Was ist die Unified Modeling Language (UML)?
- Das Projektgeschehen: Was ist ein Projekt? Wie läuft ein Projekt in der Informationstechnologie (IT-Projekt) in der Praxis ab? Welche Aspekte sind bei der Gestaltung zu berücksichtigen?

Du siehst sofort: Wenn du dich für die Programmierung im engeren Sinne interessierst (zum Beispiel Programmiersprachen oder -stile), kannst du dieses Buch weglegen. Dieses Thema wird in anderen Büchern behandelt.

Wir interessieren uns vor allem für die individuelle Softwareentwicklung. Das bedeutet: Ein Softwaresystem wird von einer Softwarefirma individuell für die Anforderungen eines einzigen Kunden hergestellt. Dies kann zum Beispiel ein System sein zur Verwaltung von mehreren Campingplätzen, die eine Firma betreibt. Viele Aspekte in diesem Buch gelten auch für das Gegenstück der individuellen Softwareentwicklung – das ist die Einführung einer Standardsoftware. Standardsoftware bedeutet: Ein Anbieter hat IT-Lösungen für Standardaufgaben, die er immer wieder verkaufen kann. Diese IT-Lösungen müssen lediglich an die Bedürfnisse der Kunden angepasst werden – manchmal werden stattdessen auch die Abläufe bei den Kunden an die vorgegebenen Abläufe der IT-Lösung angepasst. Ein sehr bekanntes Beispiel für Standardsoftware sind die IT-Lösungen der Firma SAP – diese stellt Programme zur Steuerung von Unternehmen her.

Dieses Buch richtet sich an Auszubildende in der IT: FachinformatikerInnen sowie Informatikkauffrauen und -kaufmänner. Es ist außerdem geschrieben für Studierende der Wirtschaftsinformatik, Informatik oder Betriebswirtschaftslehre, die sich erstmals mit der

Entwicklung von Softwaresystemen befassen. Du brauchst keinerlei IT-spezifische Vorkenntnisse, um dieses Buch zu verstehen.

Das Besondere an diesem Buch ist die Themenauswahl und die Themenaufbereitung. Die Vorstellung der oben genannten Themenbereiche (Prozess der Softwareentwicklung, Methoden in der Softwareentwicklung und Projektgeschehen) geben dir das Rüstzeug, um in IT-Projekten sofort loszulegen. Wir wollen diese Themen sehr lebendig beschreiben und haben dabei stets die Zielgruppen vor Augen. Die Sprache, die wir wählen, solltest du deshalb nicht als Vorbild für die Erstellung eines wissenschaftlichen Textes nehmen! Die wissenschaftliche Sprache ist nüchterner und sachlicher!

Wie du mit diesem Buch arbeiten kannst

Das Buch ist wie folgt gegliedert: Im ersten Kapitel gibt es eine Übersicht über den Prozess der Softwareentwicklung. Die einzelnen Phasen werden mit ihren Aufgaben, Zielen und Ergebnissen vorgestellt. Im anschließenden zweiten Kapitel geht es um Methoden in der Softwareentwicklung. Wir erläutern wichtige Methoden – weil es ungezählt viele gibt, können wir aber bei weitem nicht alle darlegen. Im dritten Kapitel wird das Projektgeschehen beleuchtet. Du kannst lesen, wie ein IT-Projekt erfolgreich abläuft. Zum Schluss liefern wir noch Literatur und einen Index.

Dieses Buch gibt dir mehr als reines Lesefutter. Wir Autoren verstehen das Buch vielmehr als Leitfaden und Anregung, sich mit dem Thema Softwareentwicklung zu befassen. Deshalb enthält es außer Lerntext und Abbildungen noch folgende Elemente:

▶ Denksätze: Sie fassen Aussagen zusammen. Sie sollen zum (Nach-)Denken anregen. Denksätze sind so gekennzeichnet wie dieser Text.

Hintergrundinformation
Balkone: Wir verfolgen in diesem Buch einen roten Faden (schön zu sehen in den drei Hauptkapiteln). Aber es gibt wichtige Themen rechts und links des roten Fadens, die wir auch ansprechen möchten. Diese Randthemen sehen wir als Balkone des roten Fadens. Balkone sind so gekennzeichnet wie dieser Text. Du kannst das Buch lesen und verstehen, wenn du die Balkone nicht studierst. Jedoch ist manchmal die Aussicht von einem Balkon ja besonders schön und interessant.

Übungen: Am Ende der Kapitel gibt es Übungsaufgaben und Wiederholungsfragen.

Am Ende des Buches findest einen Index, in dem du die wichtigsten Begriffe des Buches findest. Anhand der Verweise kannst du die Abschnitte finden, an denen der jeweilige Begriff am ausführlichsten behandelt wird. Es sind bewusst nicht alle Stellen angegeben, an denen der Begriff vorkommt. So kannst du besser lernen. Wir nennen den Index darum Lernindex.

Du musst noch einige Sprachregelungen in diesem Buch kennen: An der Erstellung von Softwaresystemen sind im Wesentlichen zwei Parteien beteiligt: Diejenige, welche das System in Auftrag gibt und später einsetzen möchte (zum Beispiel die Firma, welche

Campingplätze betreibt). Diese Partei nennen wir von nun an *Auftraggeberin*. Diejenige, welche das Softwaresystem programmiert, ist in der Regel eine Softwarefirma. Wir nennen sie von nun an *Auftragnehmerin*. Manchmal verwenden wir statt Auftraggeberin auch das Wort *Kunde* und für Auftragnehmerin das Wort *IT-Dienstleister*.

Du hast schon bemerkt, dass wir dich als LeserIn direkt ansprechen. So fällt es uns leichter auf wichtige Dinge hinzuweisen. Du hast auch bemerkt, dass wir das „Du" in der direkten Ansprache bevorzugen. ☺

Und noch eine letzte Sprachregelung: Wir werden männliche und weibliche Formen verwenden. Zum Beispiel sprechen wir von dir als LeserIn. Aber manchmal verzichten wir zur besseren Lesbarkeit darauf.

Wer an diesem Buch beteiligt ist

Dieses Buch hat zwar nur zwei Autoren, aber viel mehr Beteiligte.

Zunächst möchten wir uns als Autoren vorstellen: Hans Brandt-Pook ist Professor für Wirtschaftsinformatik an der Fachhochschule Bielefeld. Rainer Kollmeier ist IT-Senior Berater in der arvato Systems GmbH, einem Tochterunternehmen der Bertelsmann SE & Co. KGaA, Ausbildungskoordinator und Prüfer in IT-Berufen. Wir haben also beide mit der IT-Ausbildung zu tun. Wir verfolgen dabei einen praxisorientierten Ansatz. Die vorgeschlagenen Ideen und Konzepte in diesem Buch sind deshalb alle in der Praxis bewährt. Übrigens: Wenn in diesem Buch von „wir" oder „uns" die Rede ist, dann sind immer die Autoren gemeint.

Ein geistiger Vater dieses Buches ist Carl Steinweg. Carl Steinweg ist ein Pseudonym für eine Gruppe von Autoren, die das Buch *Management der Software-Entwicklung* (Steinweg 2005) geschrieben haben. Beide Autoren dieses Buches waren auch an der langen Entstehungsgeschichte des Steinweg-Buchs beteiligt. Das vor dir liegende Buch stützt sich auf wesentliche Kerngedanken des Steinweg-Buches. Es ist allerdings inhaltlich nicht so weit gespannt, stellt dafür wesentliche Aspekte ausführlicher und auf die Zielgruppe zugeschnitten dar. Außerdem entwickelt sich die Disziplin der Softwareentwicklung immer weiter, und so wurden auch einige Kernaspekte des Steinweg-Buches neu bedacht. Wir sehen das vorliegende Buch also als Ergänzung zum Steinweg-Buch und empfehlen allen Interessierten das Original als Standardwerk.

Dieses Buch hat einen Vorläufer, der im Jahr 2008 veröffentlicht wurde. Das vorliegende Buch entspricht inhaltlich dem Vorläufer, nimmt neuere Entwicklungen auf und hat mehr den Charakter eines Übungs- und Lernbuches erhalten. Besonderen Wert haben wir außerdem auf die elektronische Verfügbarkeit gelegt.

Dieses Buch ist auch entstanden aus einer internen Schulungsbroschüre, welche wir Autoren für den IT-Nachwuchs der Bertelsmann SE & Co. KGaA verfasst haben. Diese Broschüre wurde durch die Anregungen der Auszubildenden und TeilnehmerInnen am Dualen Studium stets verbessert – sie sind also auch Beteiligte an diesem Buch. Viele Studentinnen und Studenten haben – oft ohne es zu wissen – an dem Buch mitgewirkt.

Denn ihr Feedback zu der Präsentation der Inhalte dieses Buches in Vorlesungen sowie zu Übungen und Praktika hat uns viele Anregungen gegeben.

Für die Zusammenfassungen der Kapitel haben wir Lernende gewinnen können, die keine IT-ExpertInnen sind. Sie haben das jeweilige Kapitel gelesen und eine Zusammenfassung nach ihrem Verständnis geschrieben.

Was noch vorab zu sagen bleibt

Wir wünschen uns vor allem, dass das Buch eine Anregung für die LeserInnen wird. Vor allem deshalb gibt es Denksätze, Balkone und Übungen. Lernen ist ein aktiver Prozess – lesen allein wird da nicht ausreichen. Man muss schon selber (mit-)denken und ausprobieren.

Was hier steht, ist unsere Sicht auf die Welt der Softwareentwicklung. Manches formulieren wir bewusst sehr zugespitzt. Andere Autoren sehen die Dinge vielleicht etwas anders. Da lohnt sich jede Diskussion und jedes Studium anderer Quellen!

Wir bedanken uns bei allen Mitmenschen, die durch indirekte, aktive und kritische Anmerkungen zu dem Buch beigetragen haben. Dazu zählen auch Menschen, die durch kluge und weitreichende Entscheidungen den vorliegenden Text ermöglicht haben. Wir bedanken uns insbesondere bei allen Beteiligten, also bei den Carl-Steinweg-Autoren, bei den IT-Auszubildenden der Bertelsmann SE & Co. KGaA und den Studierenden. Besonders bedanken wir uns für die schönen Zusammenfassungen der Kapitel. Wir bedanken uns auch beim Springer Verlag.

Zu diesem Buch gibt es eine Seite im Web. Sie hat eine eigentümliche Adresse, deren Hintergrund du jedoch schon nach dem Lesen des ersten Kapitels verstehst: www.WeserTourist.de.

Über Anregungen und Kritik zu diesem Buch freuen wir uns. Wir sind wie folgt zu erreichen:

HBP@Brandt-Pook.de
Rainer.Kollmeier@yahoo.de

Bielefeld, im Frühjahr 2016

Hans Brandt-Pook
Rainer Kollmeier

Inhaltsverzeichnis

1	**Der Prozess der Softwareentwicklung**		1
	1.1 Vorgehensmodelle		3
		1.1.1 Definition Vorgehensmodell	3
		1.1.2 Motivation	5
	1.2 Basismodell für die Softwareentwicklung		5
		1.2.1 Überblick	6
		1.2.2 Die Phase Auftragsklärung	8
		1.2.3 Die Phase Konzeption	10
		1.2.4 Die Phase Design	13
		1.2.5 Die Phase Realisierung	15
		1.2.6 Die Phase Einführung	16
		1.2.7 Die Phase Testen	18
	1.3 Rollen in der Softwareentwicklung		21
	1.4 Berühmte andere Vorgehensmodelle		22
		1.4.1 Wasserfallmodell	23
		1.4.2 V-Modell	24
		1.4.3 Spiralmodell	25
		1.4.4 Extreme Programming	27
		1.4.5 Scrum	30
	1.5 Zusammenfassung		32
	1.6 Übungen		33
2	**Methoden in der Softwareentwicklung**		35
	2.1 Prozesshierarchiediagramm		37
		2.1.1 Notationselemente und Aufbau des Diagramms	40
		2.1.2 Chancen, Gefahren und was du sonst noch wissen solltest	40
	2.2 Schnittstellendiagramm		42
		2.2.1 Notationselemente und Aufbau des Diagramms	46
		2.2.2 Chancen und Gefahren und was du sonst noch wissen solltest	47
	2.3 Aktivitätsdiagramm		48
		2.3.1 Notationselemente und Aufbau des Diagramms	49

		2.3.2	Aktivitätsdiagramm als Prozessbeschreibungen	56
		2.3.3	Chancen, Gefahren und was du sonst noch wissen solltest	57
	2.4	Use Case-Diagramm		58
		2.4.1	Übersicht zum Use Case-Diagramm	59
		2.4.2	Use Case-Beschreibungen	61
		2.4.3	Erstellung eines Use Case-Diagramms	65
		2.4.4	Use Cases im Prozess der Softwareentwicklung	67
	2.5	Business Object Model		69
		2.5.1	Die Elemente des Business Object Model	69
		2.5.2	Wie ein BOM entsteht	75
		2.5.3	Tipps und Tricks	76
	2.6	Zustandsdiagramm		77
		2.6.1	Notationselemente und Aufbau des Diagramms	80
		2.6.2	Worauf muss bei der Erstellung geachtet werden?	81
	2.7	Objekt Sequenz-Diagramm		81
		2.7.1	Notationselemente des OSD	82
		2.7.2	Das einfachste OSD	83
	2.8	Wie passt das alles zusammen?		84
	2.9	Zusammenfassung		88
	2.10	Übungen		89
	2.11	Ein umfangreiches Beispiel		92
3	**Das Projektgeschehen**			97
	3.1	Was ist ein Projekt?		98
	3.2	Welche Arten von IT-Projekten gibt es?		104
		3.2.1	Projektdimensionen im Überblick	104
		3.2.2	Projektaufwand	104
		3.2.3	Projektstandorte	105
		3.2.4	Technologie	105
		3.2.5	Charakter der Projektziele	105
		3.2.6	Phasenschwerpunkte	106
	3.3	Rollen in einem Projekt		108
		3.3.1	Rolle Kunde	109
		3.3.2	Rolle ProjektleiterIn	111
		3.3.3	Rolle Teammitglied	113
		3.3.4	Rolle QualitätsmanagerIn	115
		3.3.5	Rolle des Gremiums Lenkungsausschuss	116
	3.4	Projektdokumente		117
		3.4.1	Projektauftrag	119
		3.4.2	Projektplan	120
		3.4.3	Projektübersicht	121
		3.4.4	Projektverzeichnis	122

3.5	Was ist Projektmanagement?	124
	3.5.1 Grundlegende Begriffe im Projektmanagement	126
	3.5.2 Phasen des Projektmanagements im Überblick	129
	3.5.3 Projektinitialisierung	130
	3.5.4 Projektplanung	132
	3.5.5 Projektsteuerung	138
	3.5.6 Projektabschluss	142
3.6	Projektpraxis	143
3.7	Zusammenfassung	156
3.8	Übungsfragen zum Kapitel	157

Literatur . . . 159

Lernindex . . . 161

Der Prozess der Softwareentwicklung 1

> **Zusammenfassung**
>
> Viele Wege führen nach Rom. Dies gilt auch für die Erstellung von IT-Systemen. Du kannst auch vom „Prozess der Softwareentwicklung" sprechen. Dieses Kapitel zeigt dir mögliche Wege in der Softwareentwicklung auf. Erfahrene Menschen haben sich dazu Gedanken gemacht. Herausgekommen sind Ideen und Vorschriften, die man Konzepte oder Modelle für die Softwareentwicklung nennen kann – oder auch Vorgehensmodelle. Im ersten Kapitel werden verschiedene Vorgehensmodelle dargestellt. Du lernst das Wasserfallmodell, das V-Modell, das Spiralmodell und Ideen zum Extreme Programming und Scrum kennen.
>
> Eins dieser Vorgehensmodelle, wir nennen es das Basismodell, wird genauer behandelt. Aus gutem Grund: Es eignet sich besonders für Lernende. Es soll dir bei deinen Projekten helfen.
>
> Nach dem Studium des Kap. 1 wird dir klar sein, dass Vorgehensmodelle dir helfen können, Struktur in deine Arbeit zu bringen. Du wirst verstehen, dass du dir ein Phasenmodell aussuchen solltest, wenn du mal etwas Kompliziertes zu tun hast. Und du wirst einige Vorgehensmodelle im Bereich der Softwareentwicklung unterscheiden können.

Die Entwicklung von Softwaresystemen wird gerne verglichen mit dem Bau eines Hauses. Es gibt tatsächlich viele Parallelen: Ein Haus entsteht aus einer ersten Idee, die in Bauplänen weiterentwickelt wird. Diese Pläne werden dann umgesetzt bis das Haus bezogen und bewohnt wird. Abbildung 1.1 zeigt diesen Ablauf in Bezug auf ein Softwaresystem. Wir nennen ihn den *Spannungsbogen in der Softwareentwicklung*. Nicht nur, weil die Entwicklung von Softwaresystemen spannend ist, sondern vor allem deshalb, weil die Entwicklung von großen Softwaresystemen viel mehr ist als das reine Programmieren. Es muss nämlich der ganze Prozess von der ersten Idee bis zum fertigen System bewältigt werden.

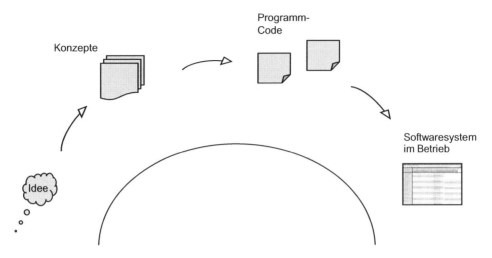

Abb. 1.1 Spannungsbogen in der Softwareentwicklung

> So wie das Bauen eines Hauses mehr ist als Mauern, so ist Softwareentwicklung mehr als Programmieren.

Die Abb. 1.1 zeigt, dass (wie beim Hausbau) auch in einem Softwareprojekt Pläne entstehen – wir nennen sie vorerst *Konzepte*. Die Konzepte münden in Programmcode (also dem Quelltext in einer Programmiersprache) als Grundlage für ein Softwaresystem, das beim Kunden läuft. Die Abb. 1.1 ist bei weitem nicht vollständig – du wirst später noch mehr Dinge kennen lernen, die in einem Softwareentwicklungsprojekt entstehen. Hier ist wichtig zu erkennen, dass eine ganze Bandbreite von Aufgaben zur Softwareentwicklung gehört.

Wenn du genauer hinschaust, kannst du noch mehr Parallelen zwischen Hausbau und Softwareentwicklung entdecken:

- Die Sache ist nicht einfach
  Hausbau und Softwareentwicklung sind komplexe Projekte, die mit Unvorhergesehenem zurechtkommen müssen, zum Beispiel können sich aufgrund irgendwelcher Ereignisse die Pläne ändern.
- Es sind viele Menschen beteiligt
  JedeR weiß: in der menschlichen Kommunikation sind Missverständnisse stets an der Tagesordnung. Es braucht also eine Verständigung zwischen den Beteiligten.
- Es werden Hilfsmittel benötigt
  So wie beim Hausbau Werkzeuge und Maschinen nötig sind, gibt es auch in der Softwareentwicklung erforderliche Werkzeuge, ohne die es nicht geht.

Du siehst also: der Vergleich zum Hausbau ist ganz brauchbar. So wie der Bau eines Hauses in der Regel keine chaotische Angelegenheit ist, so soll auch die Entwicklung von

Softwaresystemen nach einem wohldefinierten Ablauf geschehen. In den folgenden Abschnitten dieses Kapitels beschreiben wir darum näher, wie die Softwareentwicklung von statten geht. Es interessiert uns zunächst, in welchen Phasen ein Softwaresystem entsteht.

1.1 Vorgehensmodelle

Bevor wir über Software sprechen, werfen wir erst einen Blick auf andere Lebensbereiche: Hier und da finden sich Darstellungen, wie etwas ablaufen soll. In Abb. 1.2 siehst du ein paar Beispiele. Die ausführliche Variante solcher Anweisungen wird *Vorgehensmodell* genannt.

1.1.1 Definition Vorgehensmodell

Ein modernes Vorgehensmodell ist wie folgt gekennzeichnet:

1. Ein Vorgehensmodell legt fest, wie Projekte gleicher Art ablaufen.
2. Ein Vorgehensmodell benennt die an den Projekten Beteiligten und beschreibt ihre Aufgaben.
3. Ein Vorgehensmodell stellt Methoden zur Verfügung, die bei der Bewältigung der Aufgaben benutzt werden.

Abb. 1.2 So wird's was

Wenn es ein Vorgehensmodell gibt, fällt das Arbeiten in den Projekten leichter. Das sollte dir klar werden, wenn erläutert wird, was mit der obigen Definition gemeint ist.

Zum ersten Punkt: Die meisten Vorgehensmodelle beschreiben den Ablauf von Projekten mit Hilfe von *Phasen*. Phasen fassen bestimmte Tätigkeiten eines Gesamtprozesses sinnvoll zusammen. Beim Hausbau gibt es vielleicht eine Planungsphase, die alle planerischen Aktivitäten (Zeichnungen erstellen, Statiken berechnen usw.) beinhaltet.

Noch ein weiterer Aspekt steckt in dem ersten Punkt der Definition: Vorgehensmodelle beziehen sich immer auf „Projekte gleicher Art". Klar – Projekte auf dem Bau sind anders als Projekte in der Softwareentwicklung. Also gibt es in der Softwareentwicklung auch andere Phasen als auf dem Bau. Beim Hausbau vielleicht das Errichten des Rohbaus, in der Softwareentwicklung das Programmieren. Und einen letzten Gedanken kannst du dem ersten Punkt entnehmen: „Projekte gleicher Art" bedeutet auch, dass ein Vorgehensmodell stets das Vorgehen in mehreren gleichartigen Projekten beschreibt. Es verallgemeinert also. Es beschreibt nicht die Vorgehensweise in einem ganz konkreten Projekt – das macht der Projektplan, wie du in Kap. 3 lesen wirst. Ein Projektplan enthält beispielsweise einen Zeitplan – ein Vorgehensmodell kann das nicht enthalten, denn es beschreibt das Vorgehen ja modellhaft. Eine Hausbau-Firma hat vielleicht in einem Werbeprospekt die Schritte dargestellt, wie unter ihrer Regie Häuser entstehen – das wären in diesem Sinne die Phasen in einem Vorgehensmodell. Das konkrete Bauvorhaben, das sich dann nach diesem Modell richtet, wäre das Projekt nach diesem Vorgehensmodell.

Zum zweiten Punkt: Die Beteiligten an den Projekten können natürlich nicht mit Namen und Adressen genannt werden (warum nicht, weißt du ja schon, weil du den ersten Punkt verstanden hast ☺). Hier ist vielmehr die verallgemeinerte Benennung und Aufgabenbeschreibung gemeint. In einem Vorgehensmodell für den Hausbau gibt es Architekten, Maurer, Bauleiter, Klempner usw. Für jeden Beteiligten ist definiert, was er oder sie zu tun hat. Man spricht auch von einer *Rolle* des jeweiligen Beteiligten. Jemand sagt: „Ich habe die Rolle des Bauleiters." Alle wissen nun (oder sollten es wissen), was von dieser Person zu erwarten ist – und was nicht. „Ein Vorgehensmodell beinhaltet die Benennung und Definition von Rollen" – so hätte der zweite Punkt auch etwas gediegener formuliert werden können.

Punkt drei. Ein Vorgehensmodell überlässt es den Beteiligten nicht, wie sie ihre Aufgaben bearbeiten Es beinhaltet vielmehr auch *Methoden*, die bei der Erledigung der Aufgaben angewendet werden. Wenn du mal nach einer kompakten Definition dieses Begriffs gefragt wirst, könntest du sagen: „Methoden sind Verfahren und Anweisungen zu deren Nutzung, um bestimmte Ergebnisse zu erzielen." Zum Beispiel sollte ein Maurer mehrere Methoden zur Herstellung von Wänden beherrschen. Es gibt sehr strenge (oder auch: restriktive) Vorgehensmodelle, die sehr eng vorschreiben, welche Methoden angewendet werden müssen. Andere stellen einen bunten Strauß von Methoden zur Auswahl – dann muss die konkrete Methodenauswahl in jedem einzelnen Projekt getroffen werden.

1.1.2 Motivation

Nachdem du verstanden hast, was ein Vorgehensmodell ist, kannst du nun die Frage betrachten: „Warum brauche ich Vorgehensmodelle überhaupt?" Hier als Nach-Denk-Hilfe ein Plädoyer für Vorgehensmodelle:

- divide et impera – teile und herrsche
  Das Erkennen und/oder Definieren von Strukturen zerlegt ein kompliziertes Problem in kleinere, beherrschbare Probleme. Durch die Festlegung von Phasen und Rollen kann eine große Aufgabe besser oder sogar überhaupt erst gelöst werden.
- Ein Vorgehensmodell vereinfacht die Kommunikation
  Wenn die Beteiligten in einem Projekt dieselbe Sprache sprechen („Erstmal brauchen wir eine saubere Planungsphase") und alle dasselbe darunter verstehen (weil es eine saubere Definition der Planungsphase gibt), wird die Gefahr der Missverständnisse geringer.
- Ein Vorgehensmodell ist ein Qualitätsmerkmal
  Wer ein Modell für sein Handeln hat, der zeigt, dass er über das eigene Handeln nachgedacht hat. Das eigene Handeln zu überdenken und zu optimieren, ist zweifellos eine Maßnahme zu Verbesserung der Qualität der Arbeit.
- Projekte werden vergleichbar
  Wenn Projekte nach ein und demselben Vorgehensmodell gestaltet werden, sind sie besser vergleichbar. Das gilt sowohl für den zahlenmäßigen Vergleich („Wie groß ist der Personalaufwand in den einzelnen Projektabschnitten?") als auch für eine inhaltliche Diskussion („In der Umsetzung sind wir in den meisten Projekten stark – die Planungsphase läuft allerdings oft holprig").

Zusammenfassend könntest du auch knapp argumentieren:

▸ Vorgehensmodelle definieren Standards. Standards können helfen, Projekte erfolgreicher abzuwickeln. In diesem Sinne entlastet ein Vorgehensmodell.

1.2 Basismodell für die Softwareentwicklung

Nach dem Studium des vorigen Abschnitts ist hoffentlich glasklar, was ein Vorgehensmodell ist. Nun geht es darum, ein Vorgehensmodell für Projekte in der Softwareentwicklung vorzustellen. Wir nennen dieses Modell *Basismodell*, weil es die Grundlage (also: Basis ☺) für unsere Erläuterungen ist. Es gibt noch viele andere Vorgehensmodelle, wie du in Abschn. 1.4 sehen wirst.

Zunächst gibt es einen Überblick über das Basismodell, dann geht's um die einzelnen Phasen.

1.2.1 Überblick

In Abb. 1.3 ist das Basismodell in der Übersicht zu sehen. Schon beim ersten Hinsehen erkennst du, dass das Modell den ganzen Spannungsbogen erfasst: von der ersten Idee bis zum laufenden IT-System.

Das Basismodell gliedert sich in drei Bereiche:

- Den Projektmanagement-Bereich
  Das Projektmanagement leitet und steuert das Projekt – es ist in der Abb. 1.3 erstmal nicht weiter aufgegliedert. In Kap. 3 findest du viel mehr dazu.
- Den Kernbereich
  Den Kernbereich siehst du in der Mitte von Abb. 1.3. Hier spielt sich der inhaltliche Kern des Projekts ab – die Entwicklung der Software. Der Kernbereich ist in mehrere Phasen gegliedert.
- Den Bereich der Projektinfrastruktur
  Jedes Projekt braucht eine Infrastruktur als Grundlage (zum Beispiel Rechner, auf denen programmiert werden kann). Die Aktivitäten im Bereich der Projektinfrastruktur werden ebenfalls im dritten Kapitel etwas näher vorgestellt.

Eine solche Aufteilung in drei Bereiche findet sich in vielen Modellansätzen – manchmal wird statt von Bereichen auch von *Prozessen*, genauer von *Führungsprozessen*, *Kernprozessen* und *Supportprozessen*[1] gesprochen.

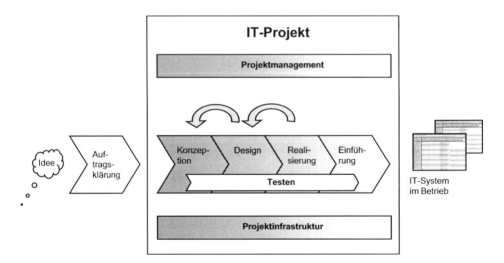

Abb. 1.3 Basismodell in der Übersicht

---

[1] Support (engl.) = Unterstützung.

1.2 Basismodell für die Softwareentwicklung

Was kannst du der Abb. 1.3 noch entnehmen? Den groben Ablauf – vor allem im Kernbereich! Es beginnt mit einer ersten Idee. Die ist aber in der Regel noch nicht so ausgegoren, dass man sofort mit dem eigentlichen IT-Projekt beginnen kann. Erstmal muss die Idee geprüft und konkretisiert werden. Das geschieht in der Phase *Auftragsklärung*. Wenn die Idee umgesetzt werden soll, beginnt das IT-Projekt mit der Phase *Konzeption*, in der die Anforderungen an das System festgelegt werden. Die anschließende Phase *Design* widmet sich der Frage, wie die Soft- und Hardwarearchitektur des zukünftigen IT-Systems aussehen sollen. In der Phase *Realisierung* wird programmiert. Danach läuft das Projekt auf den Arbeitsplätzen des IT-Dienstleisters (sozusagen in der Werkstatt). In der Phase *Einführung* geht es darum, das IT-System direkt beim Kunden ans Laufen zu bringen. Erst dann ist das Projekt erfolgreich! Du siehst noch eine weitere Phase, die den anderen Kernphasen überlagert ist, nämlich das *Testen*. Testen bedeutet, das Programm auf Herz und Nieren zu überprüfen. An den leider viel zu häufigen Abstürzen von Programmen kannst du sehen, dass das Testen oft nicht ernst genug genommen wird! Das Testen beginnt aber nicht erst nachdem fertig programmiert ist, sondern schon viel früher. Warum das so sein muss, wird im Abschn. 1.2.7 erklärt.

Noch etwas kannst du sehen: Die Phasen folgen zeitlich im Prinzip aufeinander – klar, dass du das System erst einführen kannst, wenn es realisiert ist. Aber es gibt trotzdem an zwei Stellen die Möglichkeit, einen Schritt zurück zu gehen (in der Abb. 1.3 markiert durch die Pfeile). Es ist sogar gar nicht selten, dass zum Beispiel in der Phase Design festgestellt wird, dass die Konzeption überarbeitet werden muss (wie die Architektin beim Hausbau auch manchmal aufgrund technischer Gegebenheiten leichte Änderungen an der Planung vornimmt). Das Basismodell sieht aber nicht vor, bei der Einführung eines Systems plötzlich an der Konzeption zu werkeln – das wäre so, als sollten beim Einzug in den Neubau die Pläne verändert werden und der Hausbau von Neuem beginnen.

Hintergrundinformation
Einspruch eines Projektleiters: „Meine Projekte laufen anders als in dem hier beschriebenen Basismodell!"
Ja, ja, ja – dafür kann es viele Gründe geben, zum Beispiel:

- Er arbeitet nach einem anderen Vorgehensmodell
  Wir stellen hier genau einen Ansatz vor. Im Abschn. 1.4 noch einige andere bekannte Modelle. Aber es gibt noch viel mehr.
- Er arbeitet nach keinem Vorgehensmodell ☺
  Chaotisch kann man manchmal auch ans Ziel kommen. Das wollen wir aber in einem Buch über Softwareentwicklung nicht lobpreisen!
- Es gibt Teilprojekte
  Insbesondere große Projekte werden häufig in Teilprojekte gegliedert. Dann ist es nicht selten, dass man in einem Teilprojekt schon bei der Realisierung ist, im anderen Teilprojekt aber noch bei der Konzeption. Bei so einer Konstellation ergibt sich für das Gesamtprojekt ein anderes Bild! Wenn du ein großes Projekt untersuchst, kannst du vielleicht die hier vorgestellte Struktur trotzdem erkennen, nämlich in den Teilprojekten.

- Ein Projekt hat nicht immer alle Phasen in voller Schönheit
  Das Basismodell soll einen Rahmen für möglichst viele IT-Projekte bilden. Deshalb hat es inhaltlich eine relativ große Bandbreite. Nicht immer tritt alles ein, was hier beschreiben ist. Beispielsweise könnte ein IT-Dienstleister eine bewährte Softwarearchitektur haben, die er immer wieder verwendet. Dann fällt die Designphase sehr schmal aus. So, als wenn ein Architekt Häuser von der Stange baut und nur noch die Farbe der Türen an die Kundenwünsche anpassen muss.

Wir verwenden in diesem Buch den Begriff Softwareentwicklung in dem hier erläuterten Sinn. Aber Achtung: Manche Menschen meinen mit Softwareentwicklung nur das, was wir Design und Realisierung nennen.

Es gibt auch noch den Begriff des *Software Engineering*. Dieser Begriff hat ein eigenartiges Verhältnis zum Begriff Softwareentwicklung:

Er ist einerseits meist umfassender gemeint und befasst sich nicht nur mit der Entstehung eines IT-Systems, sondern auch mit seiner Wartung und Weiterentwicklung – siehe dazu Broy und Rombach (2002).

Andererseits wird unter dem Thema Software Engineering oft ausschließlich die technische Seite eines IT-Projekts behandelt – das Projektmanagement sowie die Projektinfrastruktur bleiben häufig außen vor. In diesem Sinne ist Software Engineering ein weniger umfassender Begriff als Softwareentwicklung, so wie wir sie verstehen.

Nach der Übersicht stellen wir nun die Phasen im Kernbereich im Einzelnen vor.

1.2.2 Die Phase Auftragsklärung

Die Phase Auftragsklärung ebnet den Weg von einer vagen Idee zu konkreten IT-Projekten.

Die Projekte und IT-Systeme, von denen wir in diesem Buch sprechen, sind alle im Geschäfts-Umfeld angesiedelt. *Geschäftliche IT-Systeme* (oft auch *Business-IT-Systeme* genannt) sind IT-Systeme, die professionell in einem Unternehmen zum Einsatz kommen und dem Geschäft des Unternehmens dienen. In diesem Buch sprechen wir zum Beispiel nicht von öffentlich geförderten IT-Forschungsprojekten, deren Ziel oft im reinen Erkenntnisgewinn besteht. Deshalb gibt es im Basismodell die Phase Auftragsklärung, in der die ursprüngliche Idee nach unternehmerischen Aspekten abgeklopft wird. Die Ziele dieser Phase bestehen deshalb darin zu prüfen,

- ob die Umsetzung der Idee aus der Sicht des Geschäfts sinnvoll ist und
- welche IT-Projekte zur Umsetzung der Idee aufgesetzt werden müssen.

Wie kann ein Unternehmen feststellen, ob eine Idee sinnvoll ist? Auf jeden Fall muss die Wirtschaftlichkeit geprüft werden, zum Beispiel mit der Beantwortung von Fragen wie: Welchen wirtschaftlichen Nutzen brächte die Umsetzung der Idee? Was würde eine Lösung kosten?

1.2 Basismodell für die Softwareentwicklung

Dann ist die Machbarkeit zu klären: Ist die Idee technisch überhaupt umsetzbar? Stehen Ressourcen (Personal, Hard- und Software, Know-how) zur Umsetzung prinzipiell zur Verfügung oder können sie besorgt werden?

Ganz häufig spielt auch die firmeninterne Politik eine große Rolle: Wer ist Befürworter der Idee? Wer hat kein Interesse an der Umsetzung? Welche Konsequenzen hätte die Umsetzung für das Unternehmen insgesamt?

Wohl die wichtigste fachliche Aufgabe in dieser Phase besteht darin, die Idee inhaltlich ganz genau auszuarbeiten und zu präzisieren. Dazu gehört insbesondere:

- Eine Einordnung der Idee in das Geschäft des Auftraggebers
  Welche Ziele werden mit der Umsetzung der Idee verfolgt? Welche Unternehmensbereiche sind von der Umsetzung der Idee betroffen?
- Eine erste Beschreibung des Ablaufs
  Wie ändern sich die betrieblichen Abläufe beim Auftraggeber, wenn die Idee umgesetzt wird?

Die Auftragsklärung kann sehr aufwändig sein! Manchmal ist die Auftragsklärung sogar ein eigenes Projekt. Häufig beginnt sie auch mit einer *Ist-Analyse*, denn in vielen Unternehmen sind die Abläufe nach und nach gewachsen und niemand hat sie bisher dokumentiert. Eine Ist-Analyse beschreibt die Gegebenheiten und Abläufe in einem Unternehmen, so wie sie sind. Ist-Analysen können sich auch auf nur vage bekannte Problemstellungen beziehen („Wir vermuten, dass wir zu teuer einkaufen. Lasst uns mal genauer hinsehen, wie unser Einkauf abläuft."). Aufgrund der Ist-Analyse werden Schwachstellen benannt, die mit der Umsetzung der Idee beseitigt werden sollen. Oder es werden sogar ganz neue Abläufe (Soll-Prozesse) definiert. Weil in dieser Phase viel analysiert wird, heißt sie auch *Geschäftsanalyse* oder *Business Analysis*.

> Kunden wissen oft selbst nicht genau, was sie wollen. Man braucht aber Klarheit darüber, was mit einem IT-System erreicht werden soll. Diese Klarheit ist eine sehr wichtige Voraussetzung für ein erfolgreiches IT-Projekt. Manchmal hilft die unabhängige Sicht von externen BeraterInnen, um die Klarheit zu erreichen.

Wenn die Idee

- inhaltlich ausgearbeitet,
- wirtschaftlich vernünftig,
- machbar und
- firmenintern politisch umsetzbar ist,

muss festgelegt werden, welche Projekte laufen sollen. Bei größeren Vorhaben werden vielleicht mehrere Projekte aufgesetzt. Für jedes Projekt müssen vor allem die Ziele festgelegt werden. Aber auch über weitere grobe Rahmenbedingungen wie Projektergebnisse und Budget muss entschieden werden.

Hier ein Beispiel, wie die Phase Auftragsklärung ablaufen kann.

Beispiel

In der Geschäftsführung der erdachten Firma *WeserTourist*, die 17 Campingplätze betreibt, entsteht die Idee, ein einheitliches System zur Reservierung, Buchung und Abrechnung einzuführen.

Als Ziele werden von der Geschäftsführung benannt:

- Einsparpotenzial heben
  Bisher arbeiten einige der Campingplätze noch sehr umständlich manuell.
- Kundenbindung verbessern
  Werbeaktionen können gezielt durchgeführt werden.
- Abläufe vereinheitlichen
  Personal soll flexibler eingesetzt werden können.

Die Abläufe bei der Reservierung, Buchung und Abrechnung von Campingplatzbesuchen werden in einigen Workshops unter Beteiligung der jeweiligen Experten erarbeitet (Methoden, wie Abläufe beschrieben werden, findest du im Kap. 2). Die Wirtschaftlichkeit wird geprüft – die Machbarkeit ist gegeben. Obwohl das IT-System bei einigen der Campingplätze auf Widerstand stoßen wird (man liebt die bisherigen Abläufe!), beschließt die Geschäftsführung die Einführung. Es wird ein IT-Dienstleister ausgewählt, der in einem Projekt das neue System erstellen soll. An dieser Stelle endet dann die Phase Auftragsklärung.

1.2.3 Die Phase Konzeption

Die Phase Konzeption klärt die Frage: Was soll das beabsichtigte IT-System leisten? Die Voraussetzungen zur Beantwortung dieser Frage sind durch die Ergebnisse der Phase Auftragsklärung klar gegeben – du weißt vor allem, welche Ziele das Unternehmen mit dem IT-System erreichen möchte. Jetzt geht es darum zu erarbeiten, welche Eigenschaften und Fähigkeiten das IT-System haben muss, damit diese Ziele auch tatsächlich erreicht werden! Diese Eigenschaften und Fähigkeiten nennt man auch *Leistungsumfang des Systems*.

Die Phase Konzeption hat danach noch ein zweites großes Thema zu beackern – die Beschreibung und Bewertung von grundsätzlichen Lösungsalternativen. Zur Erläuterung dieser Aufgabe, soll noch mal die Parallele zum Hausbau benutzt werden. Nachdem klar ist, welche Anforderungen an das Haus gestellt werden (zum Beispiel Einfamilienhaus, sieben Zimmer, hohe ökologische Standards usw.), muss über die grundsätzlichen Lösungsmöglichkeiten nachgedacht und entschieden werden: Holzhaus, Fertighaus, Massivhaus? Solch eine grundlegende Entscheidung gilt es auch bezüglich eines zukünftigen IT-Systems zu fällen. Beispielsweise muss erörtert werden, auf welcher technischen Plattform die IT-Lösung (Rechner, Betriebssystem usw.) basieren soll.

1.2 Basismodell für die Softwareentwicklung

Zur Beschreibung des Leistungsumfangs des IT-Systems sollten drei Perspektiven eingenommen werden:

1. Welche funktionalen Anforderungen gibt es an das System?
2. Welche Daten werden in dem System gehalten?
3. Welche wichtigen Kennzahlen und weitere Anforderungen sind zu beachten?

Zum ersten Punkt, den funktionalen Anforderungen. Es geht zunächst darum, die Funktionen, die das System zur Verfügung stellen soll, zu benennen. Funktionen beschreiben in diesem Zusammenhang die Möglichkeiten der Systemnutzung. Ein Textverarbeitungssystem hat zum Beispiel unter anderem folgende typische Funktionen: Text formatieren, Datei speichern, Serienbrief drucken. Nach der Sammlung der notwendigen Funktionen müssen diese genau beschrieben werden – was müssen BenutzerInnen tun, um einen Text zu formatieren, eine Datei zu speichern oder einen Serienbrief zu schreiben? Die funktionalen Anforderungen sind der Dreh- und Angelpunkt der Konzeption. Hier wird beschrieben, wie das IT-System hilft, die aus der Geschäftssicht beschriebenen Ziele zu erreichen.

Zum zweiten Punkt. Neben den funktionalen Anforderungen ist für den weiteren Gang der Dinge die Sicht auf den Datenhaushalt sehr wichtig. Daten beschreiben die Informationen, die im System gespeichert werden. Das klingt vielleicht langweilig, kann aber zu sehr wichtigen Diskussionen führen. Ein Beispiel: Welche Adressen sollen in einem Kundenverwaltungsprogramm gespeichert werden? Nur eine Adresse pro Kunde? Oder eine Rechnungsanschrift und eine Lieferanschrift? Darf eine Kundin auch mehrere Lieferanschriften haben – wenn auch Studierende KundInnen sind, die mal daheim und mal am Studienort wohnen, kann das sinnvoll sein. Du erkennst bereits, dass die Entscheidungen über diese Fragen sehr wichtige Vorgaben für die weitere Entwicklung des Systems sind. Und noch etwas siehst du: Der Datenhaushalt und die funktionalen Anforderungen hängen sehr eng zusammen. Wenn es beispielsweise zu einem Kunden sowohl eine Rechnungs- als auch eine Lieferanschrift gibt, muss es auch eine Funktion geben, mit der ein Systembenutzer beide Adressen eingeben und zuordnen kann.

▶ Die Daten sind die Mutter aller Funktionalität. Oder: Die Datenbank ist die Mutter jeder großen Anwendung.

Zum dritten Punkt. Kennzahlen beschreiben das IT-System mit charakteristischen Zahlwerten. Sie sind insbesondere eine wichtige Grundlage für die Architektur des Systems. Wenn mit einem Kundenverwaltungsprogramm 13 Millionen Kunden verwaltet werden sollen, ist das eine ganz andere Herausforderung, als wenn es 1500 Kunden sind. Kennzahlen können sich auch auf funktionale Anforderungen beziehen, beispielsweise auf Reaktionszeiten des Systems. Oft werden weitere Anforderungen an ein IT-System gestellt, etwa zum Erscheinungsbild („Es muss so aussehen wie unsere anderen IT-Systeme") oder zu zukünftigen Erweiterungsmöglichkeiten.

Nach der Erarbeitung der Anforderungen, der Festlegung des Datenhaushaltes und der Kennzahlen kann erstmals über mögliche Lösungsalternativen nachgedacht werden. Dazu werden verschiedene Szenarien durchdacht und überschlägig durchgerechnet. Zum Beispiel wird geprüft, welche der erarbeiteten Anforderungen ein am Markt fix und fertig erhältliches Kundenverwaltungsprogramm bereits erfüllt und welche Funktionalitäten hinzuprogrammiert werden müssten. Alternativ wird vielleicht von einem IT-Dienstleister ein erstes Angebot für ein individuelles System eingeholt.

Die beste und am häufigsten verwendete Methode zum systematischen Vergleich von Alternativen ist die *Nutzwertanalyse*. Dabei werden die Alternativen anhand von Kriterien, die unterschiedlich gewichtet sein können, verglichen. Im Ergebnis erhält jede Alternative genau eine Bewertungszahl – den Nutzwert. Die Alternative mit dem höchsten Nutzwert gewinnt das Rennen!

Wenn es um die Konzeption eines IT-Systems geht, fallen oft auch die Begriffe *Lastenheft* und *Pflichtenheft*. Ein Lastenheft beschreibt die Wünsche und Anforderungen an ein IT-System aus Sicht des Auftraggebers. Ein Lastenheft kann als ein Ausschreibungsdokument verwendet werden. Das Gegenstück zu einem Lastenheft ist das *Pflichtenheft*. Dieses ist die Antwort eines IT-Dienstleisters auf ein Lastenheft. Das Pflichtenheft beschreibt detailliert die Leistungen, zu der sich der Dienstleister verpflichtet (wenn er denn den Auftrag bekommt). Lastenheft und Pflichtenheft beleuchten also ein und dieselbe Sache aus unterschiedlichen Perspektiven. Wenn du etwas Zeit und Interesse hast, kannst du im folgenden Balkon etwas mehr zum Lasten- und Pflichtenheft lesen.

Hintergrundinformation

Ein Lastenheft ist ein Dokument, das vom Auftraggeber ohne formale Vorgaben erstellt wird. Es beschreibt aus seiner Sicht die angestrebte IT-Lösung möglichst genau. Ein Lastenheft ist manchmal nur eine Berechnung in einer Tabellenkalkulation. Sie dokumentiert, wie der Kunde sich die Ermittlung von bestimmten Werten (beispielsweise die Berechnung bestimmter Kennzahlen) vorstellt. In einem anderen Fall kann es ein Prospekt von einer Standardsoftware sein, in dem es Streichungen und handschriftliche Erweiterungen gibt. Ein anderer Kunde hat sich sehr viel Mühe gemacht und ein umfangreiches Dokument mit vielen Details zur gewünschten Lösung erstellt. In jedem Fall stellt das Lastenheft eine wichtige Basis für das IT-Projekt dar. Für einen Kunden lohnt es sich meist auch finanziell, viel Mühe und Gehirnkraft in ein Lastenheft zu stecken. Je besser man nämlich weiß, was man will, umso klarer ist die Position im späteren Projekt und umso geringer sind die Projektrisiken.

Das Pflichtenheft, manchmal auch Anforderungsdefinition genannt, wird nicht vom Kunden, sondern vom IT-Dienstleister erstellt. Dieser kann, ggf. in Kooperation mit dem Kunden, ein bestehendes Lastenheft zum Pflichtenheft ausbauen. Ein Ausbau ist in der Regel notwendig, weil ein Pflichtenheft folgenden Kriterien genügen muss:

- Vollständigkeit
  Das Pflichtenheft stellt alle Anforderungen an die geplante IT Lösung dar.
- Widerspruchsfreiheit
  Inhalte des Pflichtenheftes widersprechen sich nicht. Es ist wohlüberlegt.
- Allgemeinverständlichkeit

1.2 Basismodell für die Softwareentwicklung

Nicht selten wird ein Pflichtenheft Teil eines juristischen Vertrages zwischen Kunde und Dienstleister. Beide müssen ein gemeinsames Verständnis von den Anforderungen haben.

- Präzision
Um Klarheit im Projekt zu haben und um juristische Auseinandersetzungen zu vermeiden, sollten Begriffe, über die sich trefflich streiten lässt („alle moderne Plattformen", „Multisprachfähigkeit"), präzise erläutert werden.

Im Folgenden werden einige Fragen dargestellt, die vom Pflichtenheft vollständig, widerspruchsfrei, verständlich und präzise beantwortet werden:

- Welche Ziele hat die IT-Lösung (Muss-, Soll- und Kann-Kriterien)?
- Wie sieht das spätere technische und organisatorische Umfeld für die IT-Lösung aus?
- Welche Funktionen soll die IT-Lösung haben?
- Welche Daten müssen gespeichert werden?
- Welche Eigenschaften sind dem Kunden besonders wichtig?

Kein Inhalt vom Pflichtenheft sind Fragen zu Softwarearchitektur und Programmierung. Das Pflichtenheft klärt somit die Frage: „Was soll realisiert werden?" und nicht die Frage: „Wie soll es umgesetzt werden?"

Nach Vorlage eines Pflichtenheftes kann man in der Regel noch nicht anfangen zu programmieren: Wesentliche Voraussetzungen, die erst in der Phase Design erarbeitet werden, fehlen noch.

Am Ende der Phase Konzeption liegt in jedem Fall eine vollständige Beschreibung des Systems sowie die Entscheidung über den grundsätzlichen Lösungsweg vor. Weil es in dieser Phase viel um Anforderungen geht, wird sie auch *Anforderungsanalyse,* („In English, please") *Requirements Analysis* oder manchmal auch nur kurz *Analysephase* genannt. Wir nennen diese Phase auch gerne *Kundenphase,* denn in dieser Phase ist die Mitwirkung des Kunden unbedingt erwünscht und notwendig, denn nur er hat das Fachwissen.

1.2.4 Die Phase Design

Nach der Klärung des Leistungsumfangs in der Konzeption kannst du nicht sofort mit dem Programmieren beginnen. Erst musst du einen Plan haben, wie das IT-System technisch aussehen wird – anders ausgedrückt: Welches Design[2] das System haben soll. In der Phase Design geht es daher um die Frage: <u>Wie</u> soll das IT-System intern aufgebaut und gestaltet sein?

▶ Wer nach der Festlegung des Funktionsumfangs sofort anfängt zu programmieren, ist genial oder ein Pfuscher. Meist das zweite.

---

[2] Du merkst sofort: Design hat hier überhaupt nichts mit dem Aussehen, also der Gestaltung der Oberfläche des IT-Systems, zu tun!

Im Design sind folgende Aufgaben zu erledigen:

1. Die Hard- und Softwarearchitektur müssen geklärt werden.
2. Die einzelnen Baugruppen innerhalb der Softwarearchitektur (auch *Komponenten* genannt) müssen spezifiziert werden.
3. Die Transformation der Komponenten in die geplante IT-Landschaft muss geplant werden.

Zum ersten Punkt: Eine Architektur sagt uns, aus welchen Teilen ein Ganzes besteht und wie diese Teile zusammenhängen. So ist das auch bei der Architektur eines IT-Systems. Allerdings wird hier noch unterschieden zwischen der *Softwarearchitektur* und der *Hardwarearchitektur*. Eine Softwarearchitektur legt fest, welche Softwarekomponenten es gibt und wie sie miteinander zusammenarbeiten. Beispiele für Softwarekomponenten für das WeserTourist-System könnten sein: Adressprüfung, Archivierung, Stellplatzsuche. Die Hardwarearchitektur definiert, welche Hardware (Server, Workstations/PCs, Drucker usw.) zum beabsichtigten IT-System gehört und wie die Hardwarekomponenten miteinander verbunden sind. Es ist für dich sicher nicht überraschend zu erkennen, dass die Softwarearchitektur und die Hardwarearchitektur voneinander abhängen.

Zweiter Punkt: Mit den Softwarekomponenten muss man sich dann genauer befassen. Eine Softwarekomponente ist erstens definiert durch ihre Schnittstellen und zweitens durch ihr (Ausgabe-)Verhalten bei bestimmten Eingaben. Nachdem identifiziert ist, welche Softwarekomponenten für das System gebraucht werden, wird festgelegt, wie jede Komponente in sich aufgebaut sein soll – es sei denn, die Komponente kann fix und fertig dazugekauft werden.

Zur dritten Aufgabe: Das IT-System soll später unter bestimmten technischen Bedingungen laufen, wie zum Beispiel einer vorgegebenen Betriebssystemumgebung. Diese Randbedingungen müssen von vorn herein berücksichtigt werden. Vornehm kannst du auch sagen: „Das Komponentendesign wird auf die Zielplattform übertragen".

In der Designphase müssen die Architektur und ihre Bestandteile entworfen werden. Sie wird deshalb manchmal auch *Entwurfsphase* oder *Entwurf* genannt. Oder es wird der Begriff *System-Spezifikation* verwendet. Vereinfacht kann man auch sagen, dass mit dieser Phase die *IT-Phase* im Projekt beginnt. Im Unterschied zur Kundenphase (s. o.) sind nun ausschließlich die IT-Experten gefragt.

Gerade Newcomer tendieren dazu, die Phase Design in der Planung des Projekts zu verschlucken. Vielleicht hilft folgende Auflistung von typischen Tätigkeiten in dieser Phase, diesen Fehler zu vermeiden:

- Vergabe von *Namenskonventionen*
  Es wird besprochen, wie die Dinge in der Realisierung zu benennen sind (zum Beispiel: Am Namen der Funktion soll erkennbar sein, zu welcher Komponente sie gehört).

1.2 Basismodell für die Softwareentwicklung

- Erste Überlegungen zu *Versionen* des Systems
  Es wird also überlegt, in welchen Päckchen das IT-System fertig gestellt werden soll. Beispielsweise könnte für das WeserTourist-System festgelegt werden, eine schöne Visualisierung der Stellplätze erst in der zweiten Version frei zu schalten.
- Einarbeitung in bestehende Schnittstellen und Programme beim Kunden
  Mit welchen bestehenden IT-Systemen muss die neue Lösung kommunizieren und wie funktioniert die Kommunikation?

Es kommt häufig zu Verwechselungen zwischen Konzeption und Design. Darum hier ein Denksatz dazu:

▶ Die Phase Konzeption klärt, was ein IT-System leisten soll: Funktionalität, Datenhaushalt, sonstige Anforderungen. Die Kunden als fachliche Experten sind besonders gefordert.
Die Phase Design klärt, wie das IT-System aufgebaut ist: Architektur, Softwarekomponenten, IT-Plattform. Hier müssen IT-Experten ans Werk!

1.2.5 Die Phase Realisierung

Nun geht es endlich mit dem Programmieren los. Das Motto der Phase Realisierung lautet daher: „Build it!" Du kannst auch „erbaue es" sagen – hört sich aber nicht so gut an. Das Ziel der Phase besteht darin, das IT-System so zu erstellen, dass alle Anforderungen erfüllt sind und es beim Kunden eingeführt werden kann.

Im Zentrum dieses Buches geht es nicht um die Programmierung, deshalb folgen jetzt nur noch zwei Anmerkungen zu dieser Phase:

- Oft erfolgt die Realisierung in den Strukturen, die im Design erarbeitet wurden. JedeR ProgrammiererIn ist dann einer Komponente zugeordnet.
- Eine besondere Rolle spielt in der Realisierung das Testen. Das ist sehr wichtig – so wichtig, dass dem Testen im Basismodell eine eigene Phase spendiert ist.

Die Realisierung des Systems erfolgt auf Rechnern des IT-Dienstleisters, die speziell zur Entwicklung von Software zur Verfügung stehen. Man nennt diese Rechner in ihrer Gesamtheit auch *Entwicklungsumgebung*.

In der Phase Realisierung werden die Konzeption und das Design in einer Programmiersprache implementiert. Die Phase wird daher manchmal auch *Implementation* oder *Implementierungsphase* genannt.

1.2.6 Die Phase Einführung

In der Realisierung wird das IT-System gebaut – aber das geschieht oft in den Räumen und auf den Rechnern des IT-Dienstleisters. Nun kommt es darauf an, das IT-System beim Kunden ans Laufen zu bringen. Das Ziel dieser Phase ist, dass das System beim Kunden produktiv arbeitet. Das System soll das Geschäft des Kunden unterstützen. Es verlässt nun das Labor des IT-Dienstleisters und erblickt das wirkliche Lebenslicht. Daher kann die Phase auch in nur zwei Worten beschrieben werden: Go live!

Wichtige Aufgaben zur Erreichung des Ziels sind:

1. die Abnahme des Systems,
2. die Überführung in den produktiven Betrieb,
3. die Schulung der AnwenderInnen.

Was gibt es zu den Aufgaben zu sagen?

Zur ersten Aufgabe: Bei jedem größeren Vorhaben ist dessen Abnahme eine wichtige Sache. Der Bauherr teilt mit: „Ja, so wollte ich das Haus haben. Alles ist in Ordnung." Dann sind alle am Bau Beteiligten entlastet. Oder es wird eine Liste mit Mängeln und nötigen Nacharbeiten vereinbart. So ist das Verfahren auch bei der Abnahme des IT-Systems. Die Unterschrift des Auftraggebers unter ein Abnahmeprotokoll (das evtl. eine Mängelliste enthält) besiegelt das Ende des Auftrags. Das wichtigste Mittel bei der Abnahme sind die Abnahmetests, die im Abschn. 1.2.7 erklärt und gewürdigt werden.

Die Abnahme des Systems erfolgt oft gestaffelt, wie in Abb. 1.4 dargestellt. Zunächst erfolgt eine vorläufige Abnahme nach Fertigstellung des Systems beim IT-Dienstleister. Dabei weist der IT-Dienstleister nach, dass das System so funktioniert, wie es soll – zumindest in seiner Entwicklungsumgebung. Anschließend wird das System in den produktiven Betrieb übernommen. Dabei erfolgt der Umzug des Systems von der Entwicklungsumgebung des IT-Dienstleisters in die *Produktionsumgebung*. Als Produktionsumgebung werden die Rechner bezeichnet, die im echten Geschäft des Auftraggebers laufen, also zum Beispiel das Datenbanksystem, auf denen eine Internet-Surferin wirklich landet, wenn sie in einem Online-Shop stöbert. Auf der Produktionsumgebung erfolgt dann die Schlussabnahme, also die letzte Abnahme durch den Auftraggeber vor der Freischaltung des Systems.

Bei der Überführung des Systems in den produktiven Betrieb gibt es zwei grundsätzliche Strategien, die du kennen musst:

- Big Bang
  Beim *Big Bang* wird das neue System auf einen Schlag (Big Bang bezeichnet den Urknall!) mit all seinen Komponenten eingeführt. Von einem Tag auf den anderen ändert sich die produktive IT-Welt des Auftraggebers!

1.2 Basismodell für die Softwareentwicklung

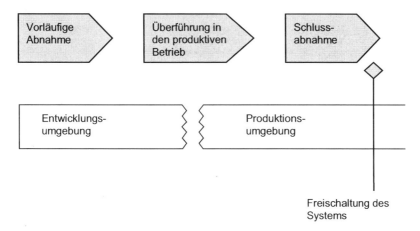

Abb. 1.4 Gestaffelter Ablauf der Abnahme

- Step-by-Step
  Der *Step-by-Step* Strategie folgen bedeutet, das System Schritt für Schritt einzuführen. So wie bei einem großen Bauvorhaben einzelne Bauabschnitte übergeben werden, werden bei diesem Verfahren auch einzelne sinnvoll zusammen gestellte Softwarebaugruppen in den produktiven Bereich eingespielt. Dieser Ansatz dauert länger, ist aber risikoärmer.

Die dritte Aufgabe in der Einführungsphase betrifft keinen technischen Aspekt. Es geht um die AnwenderInnen. Um die Super-Wichtigkeit dieses Aspektes zu fühlen, gehe gedanklich bitte einen Schritt zurück: Ziel und Ausgangspunkt des IT-Systems sind ja, das Geschäft des Auftraggebers zu unterstützen. Der Auftragnehmer kann ein noch so gutes System bauen – wenn die AnwenderInnen mit dem System nicht umgehen können, wird das Ziel niemals erreicht werden! Daher ist es sinnvoll, einige KeyUser[3] zu einem frühen Zeitpunkt, nämlich in der Phase Konzeption, am Projekt zu beteiligen. Je eher die AnwenderInnen einbezogen sind und je mehr sie ihr Know-how einbringen können, umso sicherer ist der Projekterfolg. Und umso einfacher ist auch die Schulung der AnwenderInnen. Für die Vorbereitung der Schulungen selbst braucht es einen auf die Teilnehmenden zugeschnittenen Ablaufplan und eine entsprechende Schulungsumgebung. Für die Schulung einer großen Anzahl von AnwenderInnen gibt es eigene Konzepte – surf doch mal nach „Train the Trainer".

▶ Die AnwenderInnen sind die KöniginInnen, die über den Erfolg oder Misserfolg eines IT-Systems entscheiden. Behandle diese KöniginInnen mit Respekt und nutze ihr Wissen, denn sie sind auch die wahren Fachleute.

---

[3] KeyUser (engl.) = SchlüsselanwenderIn, also eine AnwenderIn, der oder die besonders intensiv oder an Schlüsselstellen mit dem System arbeiten wird.

Die Einführung ist oft spannend und verläuft manchmal etwas hektisch – das System ist eigentlich fertig und soll endlich laufen. Aber für den Erfolg ist besonnenes Vorgehen besonders wichtig. Diese Phase wird oft unterschätzt – es gibt sogar eine ganze Reihe von Vorgehensmodellen, in denen sie gar nicht vorkommt.

Statt „ein IT-System einführen" sagt man auch „ein IT-System ausrollen". Deshalb wird diese Phase auch als der *Roll-Out* bezeichnet. Manchmal bezeichnet Roll-Out ausschließlich die Aufgabe der Überführung des Systems in den produktiven Betrieb (also ohne Abnahme und Schulung der AnwenderInnen). Wenn jemand Roll-Out sagt, darfst du also aus gutem Grund fragen, was genau damit gemeint sei.

Hintergrundinformation
Wenn du sehr gut aufgepasst hast, kannst du jetzt ein Problem erkennen, das Modelle manchmal in sich tragen. Das Basismodell zeigt den Ablauf von IT-Projekten. Es ist prinzipiell auch chronologisch, also nach dem zeitlichen Ablauf strukturiert. Aber nicht alle zeitlichen Abhängigkeiten können dargestellt werden (ansonsten verlöre man den Überblick und der Sinn und Zweck des Modells ist dahin!). Die Arbeiten zur Phase Einführung beginnen in Wirklichkeit viel früher als ihre Position im Modell vermuten lässt. Die Planung der Schulungen zum Beispiel kann nicht erst beginnen, wenn das System fertig ist!

1.2.7 Die Phase Testen

In der Entwicklung von IT-Systemen gibt es eine Besonderheit: das Testen. Testen zielt darauf ab, Fehler in einem IT-System zu finden, damit diese beseitigt werden können. Diese eigentlich einfache Aufgabe wird bei größeren Systemen relativ schnell recht kompliziert. In Abb. 1.5 sind einige Begriffe rund um das Testen aufgeführt, an denen du ahnen kannst, dass viel zu bedenken ist. Im Folgenden beleuchten wir nur einige wichtige Aspekte des Testens – zum tieferen Studium empfehlen wir die wundervollen Bücher von Harry Sneed, zum Beispiel Sneed et al. (2006).

> ▶ Durch Testen lassen sich Fehler aus dem System fischen. Ein Nachweis, dass ein System fehlerlos ist, ist nicht möglich.
> Es ist wie beim Angeln: Wenn kein Fisch mehr anbeißt, heißt das nicht, dass keiner mehr da ist.
> Freue dich über jeden herausgezogenen Fehlerfisch!

Eine sehr schwierige Frage ist diese: „Warum muss in der IT überhaupt so viel getestet werden?" Der Bauherr rennt ja bei der Abnahme auch nicht durch das Haus und haut mit der Faust vor jede Wand oder misst jede Steckdose durch. Tests von IT-Systemen sollten allerdings schon jedes Eingabefeld und jedes Häkchen untersuchen. Wir möchten auf diese schwierige Frage nicht eingehen, sondern verlassen uns auf unsere Beobachtung: Software enthält Fehler. Die Fehler zu finden ist das Ziel des Testens.

Wenn du zurückblätterst zur Übersicht des Basismodells (Abb. 1.3), fällt dir sofort die besondere Stellung des Testens als Phase auf. Sie ist – anders als in einer Reihe anderer

1.2 Basismodell für die Softwareentwicklung

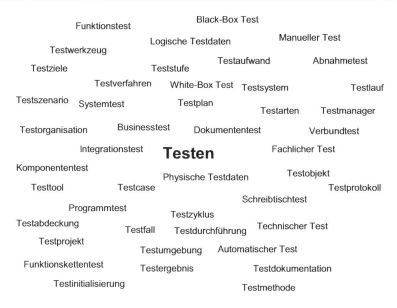

Abb. 1.5 Begriffe im Testen

IT-Vorgehensmodelle – nicht eine Phase, die sich in andere Kernphasen einreiht. Testen passiert vielmehr während des ganzen Entwicklungsprozesses parallel zu den anderen Phasen. Es wäre auch richtig zu sagen: „In jeder Phase muss getestet werden. Testen ist daher Bestandteil jeder Phase." Dagegen steht die Aussage: „Testen kann ich ja erst nachdem ein Stück Software fertig ist – also ist das eine Phase nach der Realisierung." Ja – Tests an der lebenden Software können erst während und nach der Realisierung erfolgen. Nach der Programmierung und bei der Abnahme finden auch besonders viele und umfangreiche Tests statt. Aber: Eine ganze Reihe von Tests können schon vorher durchgeführt werden. Beispielsweise kannst du am Schreibtisch durchspielen, ob das in der Konzeption Erdachte mit konkreten Angaben (so genannte *logische Testdaten*) überhaupt funktioniert. Im Design kann eine erste Version der Softwarearchitektur gegen den geplanten Ablauf im IT-System getestet werden. So fallen Widersprüche oder Schwächen in der Konzeption oder im Design frühzeitig auf. Finden Tests in frühen Phasen nicht statt, werden vielleicht Denkfehler programmiert. Das ist nicht schön.

> Je eher und je intensiver getestet wird, umso besser. Ein Fehler ist umso billiger je früher er im Projektverlauf auffällt.

Einige Begriffe solltest du noch kennen.

Es wird unterschieden zwischen *fachlichen Tests*, die manchmal auch *Business Tests* genannt werden, auf der einen Seite und *technischen Tests* (oder auch *IT-Systemtest*) auf der anderen Seite. Fachliche Tests untersuchen, ob ein IT-System in fachlicher Hinsicht korrekt arbeitet. Technische Tests haben das System im engeren Sinne im Auge. Ein Beispiel: Für ein System zur Kundenverwaltung könnte in der Konzeption definiert werden, dass zu jedem Neukunden das Geburtsdatum gespeichert werden muss. Ein fachlicher Test würde dann überprüfen, ob es möglich ist, einen neuen Kunden ohne Geburtsdatum zu speichern. Ein technischer Test für ein solches System würde vielleicht prüfen, ob das System auch bei gleichzeitigem Zugriff von 20 AnwenderInnen nicht abstürzt.

Unter einem *Review*[4] versteht man das kritische Beäugen von allen möglichen Dingen: Ein Konzeptionsdokument kann „gereviewt" werden, oder der Projektfortschritt insgesamt oder auch Quellcode. Ziel eines Reviews ist eine Qualitätsverbesserung. Weil der Begriff sehr allgemein ist, gibt es keine Methoden, die für alle Reviews dieser Welt anwendbar wären. Aber für die speziellen Reviews (zum Beispiel Review von Quellcode) gibt es durchaus bewährte Verfahren! Das Review wird von jemandem gemacht, der das, was begutachtet wird, nicht selbst erstellt oder zu verantworten hat. Zum Review gehört stets eine Rückmeldung oder ein Bericht des Reviewers über das, was er entdeckt hat – sonst hätte er sich die Arbeit ja umsonst gemacht.

Ein *Testfall* ist die Beschreibung eines bestimmten Tests. Dabei enthält der Testfall im Wesentlichen Aussagen darüber

- was getestet werden soll (Ziel des Tests),
- eine Beschreibung dessen, was zu tun ist (Ablauf und Daten des Tests) und
- welche Ergebnisse erwartet werden (damit du sehen kannst, ob das System richtig funktioniert)[5].

Für das Beispiel des Kundenverwaltungssystems könnte ein Testfall bzw. dessen Aufbau also so aussehen:

- Ziel
  Neukunden können nur mit der Angabe des Geburtsdatums aufgenommen werden.
- Beschreibung
  – Lege einen neuen Kunden im System an.
  – Lasse das Feld für das Geburtsdatum leer.
  – Speichere den Datensatz.
- Ergebnis
  Das System weist den Speicherversuch mit einer Fehlermeldung zurück.

Ein *Testplan* beschreibt, wie in einem Projekt das Testen gestaltet werden soll. Er ist sozusagen der Projektplan (siehe Abschn. 3.4.2) für das Teilprojekt „Testen". Der Testplan enthält zum einen Testfälle und zum anderen einen Plan, wann wer welche Testfälle durchführt. Er soll das Vorgehen im Testen insgesamt festlegen. Daher ist es wichtig, dass sich Auftraggeber und Auftragnehmer über den Testplan verständigen!

---

[4] Review (engl.) = Durchsicht.
[5] In der Praxis enthält eine Testfallbeschreibung häufig noch mehr Infos, zum Beispiel eine Testfall-Nummer, eine Ansprechpartnerin oder die betroffenen Systembereiche.

Nun sind alle Phasen im Kernbereich vorgestellt. Du erinnerst dich, dass auch die Angabe von Rollen zu einem Vorgehensmodell gehört. Darum geht es in dem nächsten Abschnitt.

1.3 Rollen in der Softwareentwicklung

In einem IT-Projekt sind viele Aufgaben zu erledigen. Die Aufgaben sind dabei einzelnen Rollen zugeordnet (was eine Rolle ist, steht in Abschn. 1.1.1). In Abb. 1.6 findest du eine Übersicht zu wichtigen Rollen in IT-Projekten. Aber Achtung:

- Nicht immer werden die Rollen auch genau so benannt. In manchen Unternehmen werden andere Rollennamen verwendet. Hier als Beispiel einige Bezeichnungen für die Menschen, die den Quellcode erzeugen: ProgrammiererIn, EntwicklerIn, Software Developer, AnwendungsentwicklerIn oder einfach nur IT'ler.
- In größeren Projekten sind manche Rollen mehrfach besetzt – es gibt beispielsweise ein Testteam mit mehreren TesterInnen. In kleinen Projekten hat oft ein und dieselbe Person mehrere Rollen inne. Sie ist beispielsweise als Architekt für die Soft- und Hardwarearchitektur zuständig, verantwortet aber auch als Qualitätsmanager die Qualität der Arbeit im ganzen Projekt.

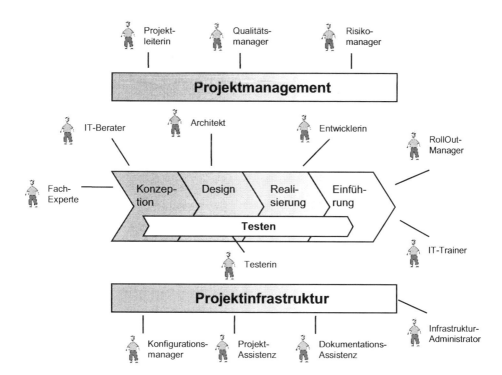

Abb. 1.6 Wichtige Rollen in IT-Projekten

In Abb. 1.6 kannst du erkennen, welchen Bereichen und Phasen die einzelnen Rollen zugeordnet werden können. In den jeweiligen Phasen sind die jeweiligen Rollen besonders aktiv: eine Architektin ist zum Beispiel vor allem in der Design-Phase gefordert. Aber natürlich kann es auch in anderen Phasen Fragen an sie geben, zum Beispiel von einer Entwicklerin: „Wird sich unsere neue Idee mit der bestehenden Architektur umsetzen lassen?"

Die folgende Auflistung erfasst das Charakteristische der jeweiligen Rolle in einem Satz (siehe auch Kap. 3):

- Eine *Projektleiterin* leitet und verantwortet das Projekt als Ganzes.
- Ein Qualitätsmanager sorgt sich um die Qualität des Projektablaufs und des Projektergebnisses.
- Eine Risikomanagerin befasst sich – insbesondere in großen Projekten – mit den (finanziellen) Risiken eines Projektes.
- Eine Fachexpertin, die zum Auftraggeber gehört, gibt den fachlichen Input für das IT-System. Wenn es in größeren Projekten mehrere FachexpertInnen gibt, existiert vielleicht auch eine Kundenprojektleiterin – also eine Person, welche aus Sicht des Kunden für das Projekt verantwortlich ist.
- Ein IT-Berater ist das Bindeglied zwischen Geschäft und IT. Er stellt die Anforderungen an das IT-System systematisch und formal korrekt dar, so dass sie im Design und in der Realisierung umgesetzt werden können.
- Eine Architektin entwickelt die Soft- und Hardwarearchitektur.
- Ein Entwickler programmiert.
- Eine RollOut-Managerin bringt das Systems beim Kunden ans Laufen.
- Ein IT-Trainer plant die Schulungen der AnwenderInnen und führt sie durch.
- Ein Tester testet.
- Eine Konfigurationsmanagerin sorgt dafür, dass die einzelnen Komponenten des Systems immer gut zusammenpassen.
- Ein Projektassistent organisiert den täglichen Ablauf im Projekt.
- Eine *Infrastruktur-Administratorin* achtet darauf, dass die IT-Infrastruktur (Server, Entwicklungsumgebungen, projektinterne Kommunikationsmedien usw.) für das Projekt zur Verfügung steht und funktioniert.
- Eine *Dokumentations-Assistenz* sorgt für die Aktualität der notwendigen Dokumente im Projekt.

1.4 Berühmte andere Vorgehensmodelle

Im Abschn. 1.2 haben wir die Softwareentwicklung anhand des Basismodells erläutert. Nun gibt es auch andere Vorgehensmodelle für IT-Projekte. Das sollte dich nicht wundern, denn es kommt ja oft im Leben vor, dass es mehr als eine sehr gute Lösung für eine Aufgabe gibt. Beispielsweise gibt es viele gute Automarken. Nur Fanatiker sagen:

1.4 Berühmte andere Vorgehensmodelle

„Nur Autos dieser Marke taugen etwas." Bei den Autos ist es so, dass sie grundsätzlich vergleichbar (alle fahren auf vier Rädern) aber doch verschieden sind (ein Mercedes ist anders als ein Volvo). Manchmal sind Autos optimiert für ein bestimmtes Einsatzgebiet, zum Beispiel Geländewagen. Oft aber ist es auch eine Geschmacksfrage, welche Automarke individuell bevorzugt wird.

Wie mit den Autos verhält es sich auch mit IT-Vorgehensmodellen. In deinem beruflichen Leben können dir einige begegnen. Deshalb stellen wir in den nächsten Abschnitten einige bekannte alternative Vorgehensmodelle für IT-Projekte vor. Wir geben nur einen knappen Überblick. Du solltest aber erkennen: Die Basisaktivitäten zur Softwareentwicklung sind immer enthalten und doch sind die Modelle etwas verschieden. Und alle haben ihre Stärken!

1.4.1 Wasserfallmodell

Das Wasserfallmodell ist das älteste der hier vorgestellten Modelle. Es wurde bereits 1970 erstmals dargelegt (Royce 1970). Es ist von der Idee geprägt, dass die Ergebnisse einer Phase in die nächste Phase fließen. Wie bei einem Wasserfall ist die Fließrichtung klar vorgegeben.

Wichtige Eigenschaften des Wasserfallmodells sind (siehe auch Abb. 1.7):

- Es ist ein Phasenmodell. Die einzelnen Phasen sind dir bekannt – wenn sie auch etwas anders heißen. Die Phase *Betrieb & Wartung* beschreibt das IT-System im produktiven Betrieb.

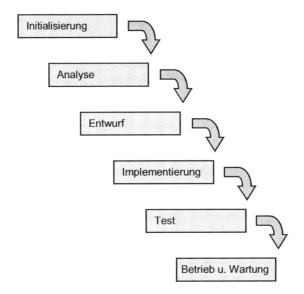

Abb. 1.7 Eine Variante des Wasserfallmodells

- Die Phasen folgen strikt nacheinander. Eine Phase muss erst vollständig abgeschlossen sein, bevor die nächste Phase beginnen kann. Es gibt in der klassischen Variante keine Rücksprungmöglichkeit in eine vorherige Phase. Beachte auch, wie das Testen in diesem Modell platziert ist.
- Das Modell ist sehr einfach. Deshalb ist es gut verständlich. Es kann aber in etwas komplizierten Projekten nur schwer angewendet werden.
- Das Modell behandelt nur das, was wir Kernbereich nennen – das Projektmanagement und die Projektinfrastruktur werden ausgeblendet.
- Das Modell sagt nichts über Rollen und Methoden.

▶ Das Wasserfallmodell ist zweifellos ein erfolgreiches Modell. Das siehst du schon daran, dass es auch heute noch in vielen Varianten ein häufig anzutreffender Rahmen für IT-Projekte ist. Es besticht durch seine Einfachheit!

1.4.2 V-Modell

Eine Erweiterung des Wasserfallmodells ist das V-Modell, das erstmals in den 1980er Jahren beschrieben wurde. Es hat seinen Namen bekommen, weil es stets V-förmig dargestellt wird, wie auch in Abb. 1.8 zu sehen.

Die Abb. 1.8 zeigt auf der linken Hälfte einen Ablauf nach dem Wasserfallmodell (du siehst, dass es wie im richtigen Leben ganz unterschiedliche Wasserfälle gibt). Der aber wird durch den Zweig im rechten Teil des Bildes ergänzt um jeweils passende Tests. Der Modultest überprüft die Programmierung der kleinsten Einheiten, nämlich der Programmmodule. Die einzelnen Module werden zu Komponenten zusammengefasst (man sagt auch: „sie werden integriert"), die dann im Integrationstest getestet werden. Alle Komponenten zusammen gestöpselt ergeben das System, das im Systemtest auf Herz und

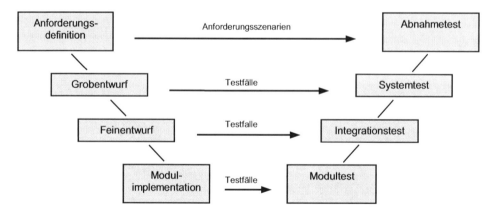

Abb. 1.8 V-Modell

1.4 Berühmte andere Vorgehensmodelle

Nieren getestet wird. Schließlich gibt es den Abnahmetest, der das IT-System im Hinblick auf seine ursprünglichen fachlichen Anforderungen überprüft.

Die beiden Zweige werden auf den verschiedenen Ebenen durch Testfälle miteinander verbunden. Die Anforderungsdefinition liefert umfassende fachliche Testfälle für den Abnahmetest. Etwas vergröbert kann man sagen, dass hier die Umsetzung der ursprünglichen Idee insgesamt überprüft wird. Im Grobentwurf wird das System als Ganzes entworfen – folglich ergeben sich auf dieser Stufe Testfälle für den Systemtest. Der Feinentwurf spezifiziert die Komponenten und erbringt daher auch Testfälle für die Integrationstests. Zur Aufgabe der Modulimplementation gehört auch die Definition von Testfällen für den Modultest.

▶ Das V-Modell ermahnt dich zum Testen.

Das V-Modell ist als verbindliches Vorgehensmodell zu verwenden, wenn der Auftraggeber ein Bundesministerium oder eine ähnliche staatliche Stelle ist. Man sagt deshalb auch, dass das V-Modell das Vorgehensmodell des Bundes sei. Aus dem ursprünglichen Ansatz aus dem Jahr 1986 ist die seit 2005 aktuelle Version mit dem Namen *V-Modell XT* entstanden (Rausch et al. 2007). Du solltest noch einige Aspekte dieses Modells kennen:

- Zu jeder Aktivität sind Ergebnisse definiert, die zu erbringen sind. Sie werden in diesem Modell *Produkte* genannt.
- Die Verantwortung für die Produkte tragen definierte Rollen.
- Die Anforderungen an die Produkte sind jeweils sehr genau festgelegt.
- Das V-Modell ist wegen seiner detaillierten Vorgaben vor allem für große Projekte geeignet – manchmal sagen Projektleiter, dass es für kleinere Projekte zu umständlich („aufgeblasen") sei.

Streng genommen ist mit dem Begriff „V-Modell" die jeweils gültige V-Modell-Vorgabe des Bundes gemeint. Aber es gibt auch IT-Dienstleister, welche die Grundidee des Modells (nämlich die beiden Äste) als Grundlage für ihre Projekte nehmen. Sie sagen dann auch: „Wir arbeiten nach dem V-Modell", definieren aber etwas abgewandelte Phasen, Ergebnisse und Methoden.

Wenn in einem Projekt eine gute V-Modell-Variante eingesetzt wird, kannst du sicher sein, dass das Projekt nach strengen Regeln geführt wird. Das kann dir Sicherheit geben, dass das Projekt einen guten Verlauf nehmen wird – allerdings kostet es auch einigen Aufwand und Umstand, den du manchmal als übertrieben empfinden könntest.

1.4.3 Spiralmodell

Das Spiralmodell basiert auf der Idee, während des Projektfortschritts immer wieder gleichartige Zyklen zu durchlaufen. In Abb. 1.9 kannst du erkennen, wie auf diese Weise eine spiralförmige Annäherung an das Ziel erfolgt.

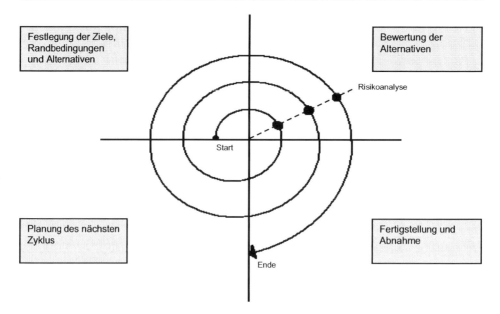

Abb. 1.9 Spiral-Modell

Das Spiralmodell ist geprägt von den vier Quadranten, in denen die Zyklen ablaufen:

1. Es beginnt mit der Festlegung der Ziele und der Rahmenbedingungen sowie der Identifikation der möglichen Alternativen für die IT-Lösung. Bei Projektbeginn (also im ersten Zyklus) stehen typischerweise die groben Gesamtziele, Rahmenbedingungen und Lösungen im Fokus, während bei einem späteren Zyklus detaillierte Ziele für einzelne Systemkomponenten beschlossen werden.
2. Die Alternativen werden näher ausgestaltet und bewertet. Am Ende ist klar, welche der Alternativen umgesetzt werden soll. Auch hier gilt: Im ersten Durchlauf wird es um die Bewertung prinzipieller Lösungsansätze für das beabsichtigte System gehen, während in einem späteren Zyklus Details bewertet werden.
3. Die beste Alternative wird umgesetzt, getestet und abgenommen. Im ersten Durchgang ist das beispielsweise die Abnahme von Konzeptionsdokumenten, später getestete Software.
4. Den Abschluss eines Zyklus bildet die Planung der nächsten Runde.

In diesem Modell gibt es eine besondere Betonung der Risikoanalyse, wie in Abb. 1.9 zu sehen ist. Dabei wird in jedem Zyklus im zweiten Schritt geschaut, welche Risiken die Lösungsalternativen bergen. Wenn eine brandneue Technologie eingesetzt werden soll, ist der Programmieraufwand möglicherweise schwer abschätzbar. Damit besteht das Risiko der Kostenexplosion. Die Risikobetrachtung als festgelegte Aufgabe in jedem Zyklus ist eine Stärke des Modells. Sie stößt das Projektmanagement mit der Nase auf den möglichen

1.4 Berühmte andere Vorgehensmodelle

Misserfolg des Projektes und gibt ihm die Chance, korrigierend einzugreifen. In dieser Hinsicht können sich andere Vorgehensmodelle etwas vom Spiralmodell abschneiden.

▶ Das Spiralmodell nähert sich der endgültigen Lösung in immer gleichen Zyklen und macht in jeder Runde eine Risikoanalyse!

1.4.4 Extreme Programming

Extreme Programming (kurz XP) entstand in den 1990er Jahren (Beck 2000) und ist anders als die bisher vorgestellten Modelle. Es ist ein Modell, auf dessen Grundlage sehr flexibel auf Änderungen in einem Projekt reagiert werden kann – dass es stets Änderungen gibt, gehört zu den Grundannahmen von XP. Um flexibel zu sein, möchte XP sich von allem unnötigen Ballast befreien und sich ganz auf die Programmierung konzentrieren, daher kommt auch der Name des Modells. Die Befreiung von Ballast macht XP zu einem leichtgewichtigen Vorgehensmodell. Leichtgewichtige Vorgehensmodelle werden vor allem wegen ihrer Flexibilität gelobt. Du kannst solche Vorgehensmodelle auch als agile Vorgehensmodell bezeichnen. Weil es anders ist als die Anderen, lohnt es sich, XP genauer anzusehen.

Nach der XP-Philosophie gehören zum unnötigen Ballast zum Beispiel Dokumentationen. Da die Anforderungen im Projekt einer ständigen Änderung unterworfen sind, ist eine Dokumentation nicht aktuell bzw. der Aufwand dafür sehr groß. Also lässt man es bleiben. Stattdessen achtet man darauf, dass der Quellcode gut kommentiert wird und dass Programmierstandards eingehalten werden. XP-Anhänger sagen: „Es kann keine aktuellere fachliche Dokumentation als den aktuellen Quellcode geben!"

XP ist kein Phasenmodell. Es sucht gedanklich auch nicht die Nähe zur klassischen, traditionellen, ingenieurmäßigen Bauweise („Planen, entwerfen, umsetzen. Basta!"). Es hat stattdessen Bezüge zur Kommunikationswissenschaft[6]. Das siehst du an den vier grundlegenden Werten, auf die sich XP stützt:

- Kommunikation
  Die ständige (wörtlich gemeint!) Kommunikation im IT-Team und zwischen IT-Team und Kunden ist ein Schlüssel zum Erfolg.
- Einfachheit
  Manchmal neigen EntwicklerInnen dazu, komplizierter als nötig zu programmieren. Weil der Programmcode dann elegant oder besonders modern oder „auch noch für andere Zwecke verwendbar" ist. XP predigt Einfachheit. Löse ohne Schnörkel und Extra-Überlegungen, was zu lösen ist.

---

[6] Die Kommunikationswissenschaft ist die wissenschaftliche Disziplin, die sich um die Erforschung der zwischenmenschlichen Kommunikation kümmert.

- Feedback
  Eine Rückmeldung über das Gesagte oder Getane zu bekommen, verhindert Missverständnisse, die in Projekten oft unnötigen Aufwand verursachen. Unter Feedback wird in XP auch das Testen einer Software verstanden, denn sie meldet zurück, ob sie funktioniert.
- Mut
  JedeR EntwicklerIn soll mutig, eigenverantwortlich und umsichtig handeln. Es gibt keine Konzentration auf kleine Spezialaufgaben, sondern stets sollen alle das Ganze im Blick haben und in dessen Sinne agieren.

An den im Modell beschriebenen Methoden und Entwicklungspraktiken kannst du sehen, was mit „Konzentration aufs Programmieren" gemeint ist. Lang Bewährtes der Programmierkunst wird extrem angewendet und als Muss formuliert. In der Praxis bedeutet XP daher zum Beispiel:

- Pair-Programming
  Beim Pair-Programming sitzen immer zwei EntwicklerInnen gemeinsam vor dem Rechner. Der eine tippt den Quellcode, die andere schaut über die Schulter. Nach einiger Zeit wird gewechselt. So entsteht qualitativ hochwertiger Code. Außerdem können Neulinge gut eingearbeitet werden und die Arbeit ist abwechslungsreicher – und kommunikativer. ☺
- Testen
  Testen auf allen Ebenen gehört zu den wichtigsten Aufgaben in einem XP-basierten Projekt. Testen gehört mit zum Programmieren. Es werden automatisierte Tests angestrebt, so dass jede Änderung des Quellcodes ohne viel Aufwand überprüft werden kann. Eine Software gilt als (vorerst) fertig, wenn alle vorab definierten Tests positiv verlaufen. Übergreifende Testfälle, die vom Auftraggeber formuliert werden, prüfen die fachliche Korrektheit der Software.
- Kurze Entwicklungszyklen
  Die entstehende Software wird in kurzen Abständen immer wieder zum nach und nach entstehenden System zusammengestöpselt. So bleibt sichergestellt, dass das System als Ganzes auf dem richtigen Weg ist. Beachte: in schwergewichtigen Modellen findest du das Vorgehen, dass eine Softwarekomponente vorab möglichst genau spezifiziert und dann in einem Stück programmiert wird. Wenn sie fertig ist, wird sie mit anderen integriert. Im flexiblen XP wird immer und immer wieder zwischendurch zusammengestellt und getestet.
- Gemeinsamer Codebesitz und Programmierstandards
  Es gibt kein Eigentum am Code. Der Code, den du heute programmierst, kann in der nächsten Woche von einer Kollegin überarbeitet werden. Damit ist klar, dass dein Code so sein muss, dass andere im Team verstehen, was du programmierst. Also ergibt sich insgesamt eine Erhöhung der Qualität. Damit das gut funktioniert braucht es

1.4 Berühmte andere Vorgehensmodelle

Übereinkünfte im Team, wie programmiert werden soll – das nennt man Programmierstandards.

- Kundenbeteiligung
  In einem XP-Projekt ist der Auftraggeber direkt in das Entwicklungsteam integriert. Alle arbeiten in einem Raum (wörtlich gemeint!!!). Eine kompetente Ansprechpartnerin des Auftraggebers, die Expertin auf dem fachlichen Thema des Systems ist, steht stets für Fragen der EntwicklerInnen und für fachliche Tests zur Verfügung. Dass die Beteiligung von Kundenexperten an der Softwareentwicklung wichtig ist, wissen auch andere Vorgehensmodelle – in XP sind Kunden extrem integriert.

Hintergrundinformation

Zum Pair-Programming gibt es eine Beobachtung, an der du den Ansatz von XP gut sehen kannst:

Jeder Mensch, der schon mal mehr als fünf Zeilen programmiert hat, kennt folgendes Phänomen: Die Software tut nicht das, was sie soll. Du starrst eine Stunde oder länger auf deinen Quellcode, probierst alles Mögliche aus, aber: du findest den Fehler nicht. Du denkst: „das gibt's doch gar nicht. Das muss doch gehen." Mehr oder weniger zufällig kommt eine Kollegin hinzu. Du zeigst ihr kurz das Problem, und beim ersten Hinschauen findet sie den Fehler. Manchmal nur ein Tippfehler. Oder ein kleiner, aber folgenreicher logischer Denkfehler. Alleine hast du das Problem aber nicht gesehen. Du warst Gefangener deines Quellcodes. Manche nennen es auch „betriebsblind".

Aufgrund dieser lange bekannten Erfahrung erhebt XP Pair-Programming zur verbindlichen Methode. Eine eigentlich längst bekannte Verfahrensweise wird extrem angewendet.

Ganz ähnliche Beobachtungen könnten auch zu den anderen Methoden gemacht werden.

XP kennt im Vergleich zu anderen Modellen nur wenige Rollen, die mitspielen. Im Zentrum steht der *Programmierer* – denn XP sieht ja das Programmieren als zentrale Aufgabe. Dann kommt die Rolle *Kunde*, der ja sehr eng im Team verankert ist. Eine weitere Rolle ist der *Tester* (sollte dir auch logisch erscheinen, sonst siehe oben). Die Aufgaben im Projektmanagement sind auf mehrere Rollen verteilt. Um den Blick für das Ganze nicht zu verlieren, ist es gewünscht, dass ein und dieselbe Person mehrere Rollen innehat.

XP ist geprägt von einem extremen Projektklima. Das Team arbeitet sehr eng zusammen. Wegen der hohen Ansprüche an die Kommunikation und das Feedback sollen die Teammitglieder auch räumlich eng beieinander sein. Wegen des extremen Projektanspruchs wird XP von manchen nicht Kundigen (manchmal auch vom nicht kundigem Management!) mit wildem Hackertum verwechselt. Es werden Parallelen gezogen zu Programmierern, die bis spät in die Nacht hacken und sich dabei vorzugsweise von Cola und Pizza ernähren. Aber dieses Bild ist falsch: XP ist eine durchdachte Vorgehensweise mit festen Regeln – übrigens auch mit der Regel, dass die Arbeitswoche 40 Stunden beträgt. Es soll gerade keine durchprogrammierten Nächte geben!

XP ist wohl das umstrittenste der bekannten Vorgehensmodelle. Vielleicht weil es sich auf ganz anderen Grundgedanken stützt. Anmerkungen der Kritiker sind zum Beispiel:

- XP gibt zu wenig Methoden vor – auch zum Testen, obwohl das doch zum Kernstück von XP gehört.

- XP in Reinform eignet sich nur für kleinere Projekte. Wenn ein Projekt mehr als 20 oder 30 Teammitglieder umfasst, können diese kaum in einem Raum zusammenarbeiten.
- Die Ablehnung von Dokumentationen ist nicht gut und führt letztendlich zu Qualitätsverlust.
- Pair-Programming als permanente Vorgehensweise ist viel zu aufwändig!

Von XP kannst du viel lernen, auch wenn es einige Kritikpunkte gibt! Die wesentlichen Werte und Entwicklungspraktiken sollten zu deinem Repertoire gehören, denn sie können dir in der täglichen Arbeit helfen. Kein anderes Vorgehensmodell stellt die wichtigen Aspekte der Kommunikation so in den Mittelpunkt, obwohl bekannt ist, dass viele Projekte an mangelhafter Kommunikation scheitern.

▶ Extremes Projektklima, Testen als Gradmesser für den Projektfortschritt, der Kunde vor Ort, zwischenmenschliche Kommunikation als Schlüssel zum Erfolg – XP ist ein Abenteuer, auf das du dich bei Gelegenheit auf jeden Fall einlassen solltest!

1.4.5 Scrum

XP hat eine etwas jüngere Schwester: Scrum[7] (Pichler 2008). Genau wie XP ist Scrum ein agiles, leichtgewichtiges Vorgehensmodell. Es basiert auf ähnlichen Grundwerten und wurde in den ersten zehn Jahren unseres Jahrtausends populär. Es gibt übrigens noch mehr agile Vorgehensmodelle. Die Päpste der agilen Modelle haben ihre gemeinsamen Prinzipien in einem Manifest zusammengefasst und auf der Webseite www.agilemanifesto.org veröffentlich.

Dieses Vorgehensmodell wird gerne vorgestellt anhand des Scrum-Prozesses, den du in Abb. 1.10 sehen kannst.

In Scrum werden die Anforderungen an ein Produkt in einem „Product Backlog[8]" festgehalten. Dort ist aus der Sicht der Kunden oder Nutzer beschrieben, was das Produkt am Ende können soll. Also zum Beispiel: „Unsere Betriebsschlosser brauchen ein System mit dem sie unseren Maschinenpark verwalten können, damit die Wartungsintervalle eingehalten werden." Diese Aufgabenstellung ist ja noch sehr allgemein und nicht so konkret, dass man sofort mit der Umsetzung beginnen könnte. Sie muss also zerlegt werden. Solche Zerlegungen führen in Scrum zu Sprints – das sind kurze, überschaubare Arbeitseinheiten. Wie du in der Abb. 1.10 sehen kannst, dauert ein Sprint normalerweise zwei bis vier Wochen. Im Sprint Backlog ist genau festgelegt, was in dem jeweiligen Sprint erledigt werden soll. Scrum-Sprints haben weitere Merkmale: Jeder Tag beginnt mit einer kurzen Besprechung des Entwicklerteams, dem Daily Scrum Meeting. Dieses Meeting dient dem

---

[7] Scrum (engl.) = Gedränge. Auch bei Scrum wird es gemütlich eng im Projektraum!
[8] Backlog (engl.) = Auftragsbestand, Arbeitsrückstand.

1.4 Berühmte andere Vorgehensmodelle

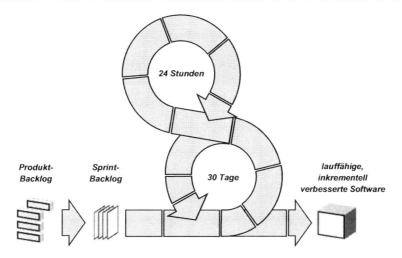

Abb. 1.10 Scrum

Informationsaustausch. Ein Sprint zeichnet sich auch dadurch aus, dass am Ende eine lauffähige Software oder zumindest ein vom Auftraggeber überprüfbares Ergebnis existiert. Nach dem ersten Sprint hat sie vielleicht nur eine Grundfunktionalität, aber mit jedem neuen Sprint wird sie erweitert und ausgebaut. (Du erinnerst dich: Bei den klassischen Vorgehensmodellen gibt es ja erstmal eine lange Planungsphase mit vielen Konzeptionen und dann beginnt die Entwicklung. Das ist in Scrum und auch in XP eben anders!)

Auch für Scrum sind feste Rollen definiert. Scrum-Rollen sind zum Beispiel:

- Der Product Owner[9], der stets das Produkt im Blick hat. Er koordiniert, was das Produkt können soll und legt auch fest, welche Prioritäten die einzelnen Eigenschaften des Produktes haben sollen: Was ist am Wichtigsten, worauf könnte vielleicht verzichtet werden?
- Das Entwicklungsteam baut das Produkt nach den Vorgaben des Product Owners.
- Der Customer muss die Perspektive des Auftraggebers in das Projekt einbringen und achtet darauf, dass das Produkt seinen Vorstellungen entspricht. Er arbeitet dazu eng mit dem Product Owner zusammen.
- Der Scrum Master achtet auf die Einhaltung der Regeln des Vorgehensmodells, zum Beispiel darauf, dass die vereinbarten Meetings stattfinden und gut ablaufen. Auch für die Bearbeitung von Konflikten ist er zuständig.

Gegenüber Scrum bringen Kritiker dieselben Bedenken vor wie sie schon zu XP genannt wurden: geht nicht für sehr große Teams, keine Vorgabe zu Methoden ... aber das kannst du ja oben noch mal nachlesen.

---

[9] Owner (engl.) = Besitzer, Eigentümer, Inhaber.

1.5 Zusammenfassung

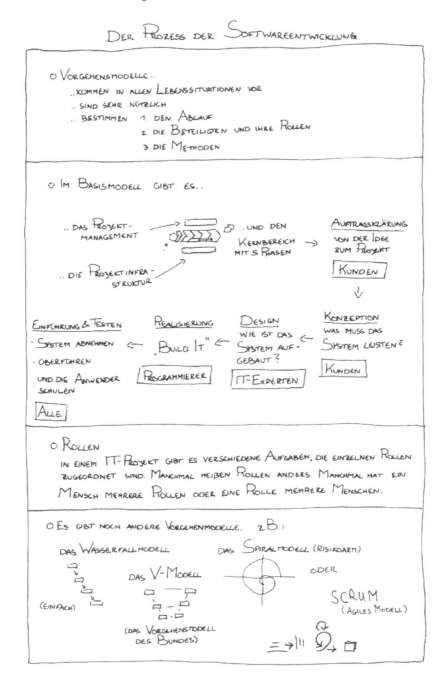

1.6 Übungen

1. Wozu dienen Vorgehensmodelle? Wozu eignen sie sich nicht?
2. Erläutere das Basismodell anhand einer Zeichnung!
3. Was könnte das Ergebnis der Phase Auftragsklärung sein?
4. Wie kann ein Unternehmen feststellen, ob eine Idee für ein neues IT Projekt sinnvoll ist?
5. Nenne Beispiele für Projektziele.
6. Was ist die wichtigste Frage in der Phase Konzeption?
7. In der Konzeption geht es u. a. darum Lösungsalternativen zu erarbeiten. Was bedeutet das? Gib Beispiele an.
8. Mit welchen Fragen/Perspektiven kann man den Leistungsumfang eines Systems beschreiben?
9. Was sind funktionale Anforderungen? Erkläre anhand von Beispielen!
10. Wie hängen der Datenhaushalt (welche Daten werden gehalten) und der Leistungsumfang eines Systems zusammen?
11. Gib Beispiele für wichtige Kennzahlen einer Anwendung, über die im Zusammenhang mit dem Leistungsumfang gesprochen werden muss.
12. Was ist das Ergebnis der Konzeption?
13. Sollte ein Pflichtenheft technische Details enthalten? Begründe deine Antwort!
14. Wie hängen die Ergebnisse der Phase Konzeption mit der Phase Test zusammen?
15. Um welche Frage geht es in der Phase Design?
16. Was legt eine Softwarearchitektur fest?
17. Welche Rolle spielen UML Diagramme bzw. Grafiken in der Phase Design?
18. Was ist das Ziel der Phase Realisierung?
19. Was ist der Unterschied zwischen Entwicklungsumgebung und Zielumgebung?
20. Welche drei wichtigen Aufgaben gibt es in der Phase Einführung?
21. Was bedeutet Abnahme eines Systems?
22. Welche Einführungsstrategien kennst du?
23. Was ist ein Roll-Out?
24. Was ist das Ziel des Testens?
25. Im Basismodell kann man in jeder Phase testen. Was bedeutet das?
26. Muss man nach jeder Programmänderung das Programm erneut komplett testen? Begründe deine Antwort!
27. Was ist der Unterschied zwischen fachlichem und technischem Test? Erläutere an einem Beispiel!
28. Was ist ein Review?
29. Wie ist ein Testfall beschrieben?
30. Erkläre den Unterschied von Rolle und Person. Nenne ein Beispiel für eine Rolle.
31. Was sind typische Aufgaben der folgenden Rollen? Projektleiterin, Qualitätsmanager, Risikomanager, Fachexperte, Architektin, Entwicklerin, Rolloutmanager, IT-Trainer,

Konfigurationsmanagerin, Projektassistenz, Infrastrukturadministrator, DokumentationsassistentIn.

32. Was bedeutet: „Wasser fließt nicht bergauf" im Zusammenhang mit dem Wasserfallmodell?
33. Erläutere die Idee des V-Modells!
34. Was ist die Idee des Spiralmodells?
35. Extreme Programming beinhaltet Pair-Programming. Was ist das?
36. Beim Extreme Programming haben Tests eine große Rolle. Was gehört dazu?
37. Was ist der Unterschied zwischen einem Vorgehensmodell und einem Projektplan?
38. Argumentiere zur Frage: Ist ein Vorgehensmodell ein Qualitätsmerkmal eines IT-Dienstleister?
39. Erstelle eine Tabelle, welche die Ziele und Aufgaben der einzelnen Phasen des Basismodells enthält.
40. Du hast einige Vorgehensmodelle kennengelernt (Basismodell, V-Modell, XP, Wasserfallmodell, Scrum). Diese könntest du bewerten nach den Kriterien:
    - Komplexität,
    - Akzeptanz beim Kunden und
    - Zeitbedarf bis zur Erstellung der fertigen Lösung.

    Suche dir einen beliebigen IT-spezifischen Problemraum (zum Beispiel Erstellung einer Software für ein Autokino) für einen konkreten Kunden (zum Beispiel Autokino Süd) aus und beurteile die Vorgehensmodelle. Das Ergebnis spiegelt deine subjektive Einschätzung wider.
41. Wähle aus der Abb. 1.5 fünf Begriffe zum Thema „Testen" und recherchiere nach einer Erläuterung.
42. Formuliere fünf fachliche Testfälle für ein Textverarbeitungsprogramm!
43. Soll man selbst geschriebenen Quellcode testen? Was spricht dafür – was dagegen?

Methoden in der Softwareentwicklung   2

> **Zusammenfassung**
>
> Im zweiten Kapitel greifen wir in eine Werkzeugkiste. Wir nennen diese Werkzeuge in der Sprache der IT „Methoden".
>
> Wir haben es im Kap. 2 mit Werkzeugen bzw. mit Methoden zu tun, deren Umgang du einfach mit Papier und Bleistift erlernen und üben kannst. Grafische Abbildungen stehen im Vordergrund. Sie helfen dir, dich besser und präziser auszudrücken. Dies dient dem Verständnis aller Beteiligten.
>
> Nach dem Lesen von Kap. 2 hast du sieben Methoden kennen gelernt und du weißt, wie sie zusammen arbeiten. Du hast verstanden, dass du mit diesen Grafiktypen eine Softwareentwicklung konzipieren kannst. Das bedeutet auch: Du brauchst keine weiteren Spezialwerkzeuge. Du brauchst keine dicken Bücher zu studieren, um dir noch mehr Methoden anzueignen.

Nachdem wir im vorhergehenden Kapitel einen Überblick über den Ablauf eines Softwareprojektes gegeben haben, schauen wir jetzt in die Werkzeugkiste der Menschen im IT-Projekt. Was für die Maurer Kelle, Schaufel und Hammer, sind für die Softwareentwickler Diagramme, Beschreibungen und Übersichten. Während Maurer mit ihren Werkzeugen Häuser bauen, errichten SoftwerkerInnen mit ihren Werkzeugen Softwaresysteme. Weil dies kein Buch über Programmieren im engeren Sinn ist, sehen wir uns nicht typische Verfahren in der Realisierung an, wie zum Beispiel Programmierprinzipien oder Ansätze im Softwaredesign. Wir schauen eher auf die Methoden, die zur fachlichen Kommunikation im Projekt benutzt werden.

Die meisten der im Folgenden vorgestellten Diagramme gehören zusammen. Sie bilden mit einigen weiteren Diagrammen die *Unified Modelling Language (UML)*. Die UML ist eine Sprache, die aus Diagrammen besteht. Das hört sich ungewohnt an – aber es gibt auch andere bekanntere Sprachen, die nicht aus Wörtern bestehen, beispielsweise die Sprache der BauzeichnerInnen, die sich auch in Diagrammen (Zeichnungen) ausdrückt. Wer die Sprache lesen kann weiß, was passieren soll. Die UML ist eine weit verbreitete

Sprache zur Beschreibung von IT-Systemen. Sie entstand in den 90er Jahren des letzten Jahrhunderts durch das Zusammengehen von verschiedenen Ansätzen (daher auch der Name „Vereinigte Modellierungssprache"). UML dient heute oft als Kommunikationsmittel, wenn es um IT-Systeme geht. Daher solltest du Grundkenntnisse der Sprache haben und die wichtigsten Diagramme kennen.

▶ Wenn dein IT-Dienstleister sagt: „Ich spreche kein UML", dann wechsle den IT-Dienstleister.

Dies ist kein systematisches Lernbuch über UML – wir nutzen UML. Du lernst also nebenbei wichtige Diagramme kennen. Wenn du mehr über UML erfahren willst, empfehlen wir dir die Bücher von Rupp et al. (2007) und Oestereich (2006).

Die Tabelle in Abb. 2.1 gibt dir einen Überblick über die Methoden, die hier vorgestellt werden. Es ist stichwortartig zusammengefasst, welches der Nutzen und das typische Einsatzgebiet der jeweiligen Methode ist. Du siehst auch, welche Methode zur UML gehört und welche nicht.

Methode	*UML*	*Nutzen*	*Einsatzgebiet*
Prozesshierarchiediagramm PHD	Nein	Zeigt die Struktur von Geschäftsprozessen	Auftragsklärung, Konzeption
Schnittstellendiagramm SSD	Nein	Zeigt die Einbindung eines Geschäfts oder IT-Systems in seine Umgebung	Konzeption
Aktivitätsdiagramm	Ja	Zeigt Abläufe	Konzeption, Design
Use Case-Diagramm UCD	Ja	Zeigt Systemfunktionalität	Konzeption, Design, Realisierung
Business Object Model BOM	Ja	Zeigt wichtige Begriffe („Objekte") und deren Zusammenhang	Konzeption, Design, Realisierung
Zustandsdiagramm	Ja	Zeigt Zustände von Objekten aus dem BOM	Konzeption, Design, Realisierung
Objekt Sequenz-Diagramm OSD	Ja	Zeigt die Zusammenarbeit von Objekten aus dem BOM	Konzeption, Design, Realisierung

Abb. 2.1 Methoden im Überblick

Jedes Diagramm gibt dir verschiedene Sichten. Oft beschreiben Diagramme ein und dasselbe System aus verschiedenen Perspektiven und sind dadurch erhellend. Die unterschiedlichen Rollen haben eben unterschiedliche Sichtweisen auf ein IT-System. Bedenke, dass das beim Hausbau ja auch so ist. Es gibt auch dort verschiedenartige Zeichnungen zu ein und demselben Haus. Der Bauherr möchte wissen, wie das Gebäude in der Ansicht aussehen wird – das interessiert den Elektriker weniger. Er braucht Detailzeichnungen, um die Kabel richtig zu verlegen.

Im Weiteren stellen wir die Methoden aus Abb. 2.1 vor. Zunächst geben wir dir stets eine Übersicht über die Methode. Danach beschreiben wir die *Notationselemente*. So werden die Einzelbestandteile, aus denen ein Diagramm besteht, genannt.

2.1 Prozesshierarchiediagramm

Im Prozesshierarchiediagramm, geht es – wie der Name schon vermuten lässt – um betriebliche Prozesse.

Solche betrieblichen Prozesse findest du in jeder Firma. Zum Beispiel in einem kleinen Bauunternehmen, das sich mit dem Bauen und Renovieren von Häusern beschäftigt. Angebote für potentielle Bauherren müssen geschrieben, Baumaterial muss eingekauft, Lieferantenrechnungen müssen bezahlt, Mitarbeiter müssen eingestellt, es muss ordentlich gemauert und es müssen Rechnungen ausgestellt werden. Diese betrieblichen Prozesse werden *Geschäftsprozesse* genannt. Geschäftsprozesse sind somit Aktivitäten oder Mengen von Aktivitäten, die für das Unternehmen wichtig und damit auch wertvoll sind.

Das Durchführen eines Bewerbungsgesprächs mit einer Bewerberin, die gerne als Maurerin anfangen will, trägt zum Unternehmenserfolg bei, weil mit einer Einstellung der Kandidatin der Unternehmensumsatz und hoffentlich auch der Gewinn steigen. Wir betonen dies, weil die Aktivität *Bewerbungsgespräch führen* zwar nicht direkt den Bauvorgang unterstützt, sehr wohl aber einen Geschäftsprozess darstellt.

In größeren Unternehmen kann es eine Vielzahl von Geschäftsprozessen geben. Außerdem zerfällt ein Unternehmen organisatorisch in kleinere Einheiten: In die Unternehmensteile und diese wiederum in die einzelnen Geschäftsbereiche. Ein kleines Unternehmen, wie zum Beispiel ein Fahrradladen, kann in die Geschäftsbereiche *Ladenverkauf* und *Reparatur* aufgegliedert werden. Bei einem größeren Unternehmen ordnet man die Geschäftsbereiche nicht dem Unternehmen, sondern einem Unternehmensteil zu.

Das Prozesshierarchiediagramm benennt Geschäftsprozesse und stellt meistens auch dar, in welchem Unternehmen bzw. Unternehmensteil diese ablaufen.

Das Prozesshierarchiediagramm hilft damit dem IT-Dienstleister beim Verständnis des Geschäftes des Kunden. Dem Auftragnehmer sind die Prozesse bei einem Kunden häufig nämlich nicht genau bekannt. Erst im Gespräch zwischen Dienstleister und Auftraggeber erfährt ersterer, wie der Betrieb organisiert ist, welche Geschäftsprozesse es gibt und an welcher Stelle eine neue IT-Lösung hilfreich wirken soll. Es ist sinnvoll, wenn der Dienstleister in einem solchen Kundendialog eine Grafik erstellt, die das Umfeld und damit auch die Einbettung der IT-Lösung deutlich macht. Und genau dafür ist ein Prozesshierarchiediagramm – abgekürzt PHD genannt – ideal geeignet.

Die Methode hat also etwas zu tun mit dem Grundverständnis und ist somit eine Technik der ersten Stunden. Sinnvoll ist daher die Erstellung und Verwendung von einem oder mehreren Prozesshierarchiediagrammen in der Phase der Konzeption.

Und nun stellen wir dir ein erstes Beispiel für ein Prozesshierarchiediagramm (ein PHD) vor.

Das Beispiel in Abb. 2.2 zeigt Geschäftsprozesse auf einem Campingplatz. Zunächst besitzt das Campingplatzunternehmen eine Reihe von *Geschäftsbereichen*. Die Abb. 2.2 beschreibt, was in dem Geschäftsbereich *Kundenbetreuung* zu tun ist. Es wird klar, dass für die Geschäftsbereiche *Marketing*, *Kiosk* und *Platzverwaltung* eigene Prozesshierarchiediagramme erstellt werden müssen: Diese werden in Abb. 2.2 nicht weiter detailliert. Dargestellt wird nur die Kundenbetreuung. Dort haben wir es mit folgenden vier Geschäftsprozessen zu tun:

- Reservierung annehmen
  Per Telefon oder auf anderem Wege meldet sich ein Kunde und möchte eine Campingplatzparzelle (= Stellplatz für sein Zelt oder Wohnwagen) für einen bestimmten Zeitraum reservieren.
- Buchung durchführen
  Der Kunde will in einer bestimmten Zeit eine Campingplatzparzelle mieten. Der Kontakt zwischen Kunde und Campingplatz erfolgt beispielsweise über Telefon, per Mail oder durch das persönliche Gespräch: Es kann sein, dass ein Kunde mit seinem Zelt

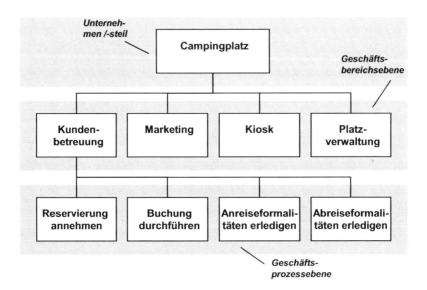

Abb. 2.2 Prozesshierarchiediagramm Campingplatzverwaltung

2.1 Prozesshierarchiediagramm

oder Wohnwagen beim Campingplatz eingetroffen ist und jetzt sofort einen Stellplatz buchen will.
- Anreiseformalitäten erledigen
  Erst wenn ein Kunde beim Campingplatz eintrifft, müssen Daten ausgetauscht und behördliche Auflagen (Meldebescheinigung) erfüllt werden. Außerdem müssen dem Kunden Informationen über den Platz, wie zum Beispiel die Platzordnung, bekannt gemacht werden.
- Abreiseformalitäten erledigen
  Wenn ein Kunde den Campingplatz verlässt, muss u. a. die Rechnung bezahlt werden. Es kann auch sein, dass noch einige andere Dinge geklärt werden müssen. Zum Beispiel, ob Meldebescheinigungen den korrekten Abreisezeitpunkt beinhalten oder ob die genutzte Campingplatzparzelle ordentlich hinterlassen wurde.

Häufig werden Geschäftsprozesse von entsprechenden IT-Lösungen unterstützt. Zum Beispiel gibt es für den Geschäftsprozess *Auftragsbearbeitung* in vielen Firmen eine spezielle IT-Lösung. Aber nicht alle Geschäftsprozesse können durch den Computereinsatz unterstützt werden. Zum Beispiel lässt sich die Aktivität *Bewerbergespräch führen* nicht oder nur sehr begrenzt von einem IT-System unterstützen.

Bei der Erarbeitung eines Prozesshierarchiediagramms, wie dem aus Abb. 2.2, tauchen einige Fragen auf. Diese könnte ein IT-Dienstleister an die Geschäftsführung eines Campingplatzes stellen, wenn ein neues IT-Projekt geplant ist. Folgende Fragen sind denkbar und sinnvoll:

- Wie ist Ihr Unternehmen gegliedert? (Unternehmensteile, Geschäftsbereiche)
- Was genau läuft in jedem Geschäftsbereich ab? Welche Geschäftsprozesse sind wichtig?
- Welche Geschäftsprozesse sollen von der neuen IT-Lösung unterstützt werden? Wo genau soll das neue IT-System ansetzen?

Die Antworten zu den ersten beiden Fragen werden genutzt, um das PHD zu erstellen. Die Antworten zu der dritten Frage werden zwar nicht im PHD dokumentiert, wohl aber mit Interesse beim Dienstleister wahrgenommen werden. Dir sollen die Fragen beispielhaft darstellen, dass ein Diagramm einen systematischen Frageprozess auslösen kann und so Erkenntnisse für das Projektgeschehen erbringt.

▶ Diagramme fördern den Frage- und damit den Erkenntnisprozess.

2.1.1 Notationselemente und Aufbau des Diagramms

	Unternehmen
▭	Unternehmensteil
	Geschäftsbereich
	Geschäftsprozess

Wie in Abb. 2.2 ersichtlich ist, besteht ein PHD aus Rechtecken. Diese haben – je nach Ebene – eine unterschiedliche Bedeutung. Das oberste Rechteck stellt ein ganzes *Unternehmen* oder einen *Unternehmensteil* dar. Die Rechtecke in der zweiten Ebene entsprechen den *Geschäftsbereichen*. In der untersten Ebene finden sich dann die eigentlichen *Geschäftsprozesse*. Der Deutlichkeit halber sollten alle Geschäftsprozesse mit Substantiv und Verb dargestellt werden. Ein Geschäftsprozess sollte somit statt *Buchung* besser *Buchung durchführen* heißen.

Nicht selten werden Geschäftsprozesse mit Texten erläutert, damit jedeR versteht, was gemeint ist. Mehr dazu im Abschn. 2.3.2!

Die *Verbindungslinien* stellen die Zuordnungen dar und sorgen für eine Hierarchie. Es werden nur Zuordnungen zwischen unterschiedlichen Ebenen eingezeichnet. Verbindungen zwischen Geschäftsprozessen innerhalb einer Ebene oder über mehr als eine Ebene hinweg sind nicht zu sehen.

2.1.2 Chancen, Gefahren und was du sonst noch wissen solltest

Folgendes ist im Umgang mit Prozesshierarchiediagrammen zu beachten:

- Das PHD gehört nicht zum Sprachumfang von UML. Details zu diesem Diagramm findest du somit nicht in den einschlägigen Informationsquellen über UML.
- Inhaltliche Abhängigkeiten zwischen Geschäftsprozessen in einer Gliederungsebene werden nicht dargestellt. Auch Abhängigkeiten von Geschäftsprozessen, die zu unterschiedlichen Geschäftsbereichen gehören, bleiben unberücksichtigt. Wenn also der Geschäftsprozess *Buchung durchführen* eng verzahnt ist mit dem Geschäftsprozess *Abreiseformalitäten erledigen*, weil beide etwas mit der Rechnung zu tun haben, fällt dies grafisch unter den Tisch.
- Je nach untersuchtem Betrieb kann der Umfang eines solchen Diagramms erheblich werden. Vor allem bei der Abbildung eines größeres Unternehmens. Somit werden in

der Praxis gern nur Ausschnitte, wie zum Beispiel ein bestimmter Unternehmensbereich, in Form von einem oder mehreren Diagrammen betrachtet.
- Die Frage der Granularität[1] ist wichtig bei der Erstellung: Ist in einem Lager für Firmenprodukte die Aktivität *Ware einlagern* ein Geschäftsprozess, oder vielleicht die dazu notwendige Aktivität *Lagerort festlegen*? Um diese Frage zu beantworten, hilft nur das Ausprobieren: Wenn zu wenige oder zu viele Geschäftsprozesse auftauchen, muss neu überlegt werden. Als praxiserprobte Faustregel kann gelten:
  – Pro Unternehmen oder pro Unternehmensteil sollten höchstens sieben Geschäftsbereiche im PHD ausgewiesen werden.
  – Pro Geschäftsbereich sollten mindestens zwei und höchstens zehn Geschäftsprozesse ausgewiesen werden.
- In der Praxis triffst du oft auf PHDs mit drei Ebenen – so wie im obigen Beispiel. Zur besseren Darstellung können weitere Ebenen hinzukommen. Wenn zum Beispiel der Geschäftsbereich *Auftragsbearbeitung* zu viele Geschäftsprozesse enthält, könnte man in einer zusätzlichen Ebene geschäftsprozessbündelnde Prozesse wie *Auftragsprüfung*, *Auftragskalkulation* und *Finanzabwicklung* darstellen. Das Diagramm würde dadurch übersichtlicher.
- Als IT-Neuling in einem Unternehmen wird man ein PHD in der Regel nicht alleine erarbeiten können, da man die dargestellten Unternehmensteile und Geschäftsprozesse nicht genau genug kennt.
- Dem Auftraggeber gibt das Prozesshierarchiediagramm eine Kommunikationshilfe und die Möglichkeit zur Selbstreflexion über seine betrieblichen Prozesse und Strukturen.
- Mit dem Prozesshierarchiediagramm werden das Geschäft und die Geschäftsprozesse erklärt. Es geht nicht um IT. Der Diagrammtyp ist nicht dazu gedacht, um die hierarchische Struktur von Programmen darzustellen.
- Als Lernender begegnen dir hierarchische Darstellungen an vielen Stellen im Projekt: Projektziele lassen sich hierarchisch darstellen, Organigramme und auch Programmaufrufe. Pass auf, dass du nichts verwechselst.

▶ Das Prozesshierarchiediagramm zergliedert das Unternehmen solange über mehrere Ebenen hinweg, bis man auf Geschäftsprozesse kommt.
Im Vordergrund steht das Geschäft und nicht die IT.
Die Erstellung dieses Dokumentes der ersten Stunden erfordert Erfahrung und Geschäftswissen. Sie gehört nicht zur Aufgabe von IT-Neulingen.

---

[1] Granularität ist ein Maß für die Feinkörnigkeit. Von granum (lat.) = Korn.

2.2 Schnittstellendiagramm

Das im Folgenden vorgestellte Schnittstellendiagramm ähnelt in seiner Vielseitigkeit einem Schweizer Messer[2]. Aber bevor wir dazu kommen, stellen wir den Begriff Schnittstelle dar.

Was ist überhaupt eine *Schnittstelle*? Vielleicht ist dir der Begriff in Zusammenhang mit Computern schon geläufig. Die verschiedenen Anschlüsse deines Computers werden als Schnittstellen bezeichnet. Es gibt zum Beispiel USB-Schnittstellen oder Netzwerkanschlüsse. Schnittstellen sind notwendig, wenn Computer untereinander vernetzt werden und Daten austauschen. Es gibt jedoch auch noch eine andere Art von Schnittstellen, nämlich die Schnittstellen im betrieblichen Umfeld. Wenn Waren auf einem LKW eine Firma verlassen, so könnte die Verladerampe eine betriebliche Schnittstelle darstellen: Dort verlassen die Waren einen Betrieb und es könnte die Verantwortung des Betriebes für den Transport der Waren enden. Daher ist das Beladen eines LKWs einer fremden Spedition eine wichtige Schnittstelle für einen Betrieb. Es gibt noch weitere Beispiele für Schnittstellen in Betrieben: Ein Firmenchef könnte bei der Vorstellung seines Betriebes formulieren: „Unsere Schnittstelle zum Kunden ist unsere Vertriebsabteilung." Ein anderer bei demselben Anlass: „Die wichtigste Schnittstelle zum Kunden ist das Internet. Von dort bekommen wir 85 % aller Aufträge." Daraus ergibt sich:

- Eine Schnittstelle kann festlegen, welche Informationen oder auch Waren zwischen zwei Systemen oder Betrieben ausgetauscht werden.
- Eine Schnittstelle wird manchmal sehr präzise (Datenaustausch) und manchmal etwas allgemeiner (Geschäftsbeziehungen) beschrieben.
- Die Art des Geschäfts kann über die Schnittstellen ein Stück weit beschrieben werden. Wenn es eine betriebliche Schnittstelle gibt, auf der Segelyachten das Unternehmen verlassen, so kann man folgern, um welche Art von Betrieb es sich handeln könnte.

Ein Schnittstellendiagramm (SSD) zeigt die Schnittstellen zwischen einem Geschäft oder einem IT-System und seinen Partnern. Das kannst du leicht an einem ersten Beispiel verstehen (Abb. 2.3).

Abbildung 2.3 zeigt Schnittstellen im Campingplatzgeschäft und damit verbundene Waren-, Geld- und Informationsflüsse. Was genau ausgetauscht wird und in welche Richtung es fließt, kannst du leicht an der Beschriftung und Richtung der Pfeile erkennen. Und du siehst, dass das liebe Geld eine wichtige Rolle spielt. Folgendes lässt sich interpretieren:

- Es gibt eine Schnittstelle vom Campingplatz zum Kunden. Ein Kunde des Campingplatzes wird zahlungspflichtig. Er bekommt eine Rechnung, gibt dem Campingplatz seine persönlichen Daten und bezahlt mit Bargeld.

---

[2] Taschenmesser mit vielen Funktionen (u. a.: Messer, Flaschenöffner, Dosenöffner, Schere, Säge, Feile, Pinzette, Korkenzieher, Schraubendreher).

2.2 Schnittstellendiagramm

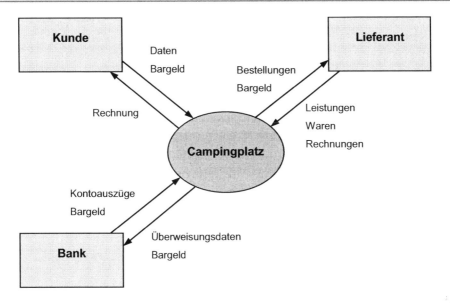

Abb. 2.3 Schnittstellendiagramm Campingplatzgeschäft

- Ein Campingplatz hat Lieferanten. Wie viele und welche das sind, wird im Schnittstellendiagramm vorerst nicht dargestellt[3]. Denkbar ist aber, dass es Lieferanten für den unternehmenseigenen Kiosk, für eine kleine Reparaturwerkstatt und auch für Dienstleistungen wie das Rasenmähen gibt. Die Lieferanten senden dafür Rechnungen an den Campingplatz.
- Da Lieferanten teilweise Bargeld für ihre Waren sehen möchten, stellt die Bank die Bargeldversorgung des Campingplatzes sicher. Daher kann Bargeld von der Bank zum Campingplatz fließen. Dies ist ein einfacher Abhebevorgang der Campingplatzchefin, zum Beispiel an einem Bankautomaten oder im Schalterraum der Bank. Auch Einzahlungen von Bargeld bei der Bank kommen vor.
- Andere Lieferanten wollen vom Campingplatz für ihre Leistungen das Geld überwiesen bekommen. Überweisungsdaten fließen daher vom Campingplatz zur Bank. Denkbar ist, dass dieser Datentransfer in Form von Überweisungsformularen geschieht.
- Überweisungsaktionen vom Konto des Campingplatzes auf ein Konto eines Lieferanten werden nicht dargestellt.

Nun folgt ein weiteres Beispiel, bei dem aber nicht das Geschäft des Campingplatzes, sondern ein geplantes IT-System für dieses Geschäft im Mittelpunkt steht.

Abbildung 2.4 zeigt ein Schnittstellendiagramm, welches bereits wesentliche Inhalte enthält, jedoch noch nicht ganz vollständig ist.

---

[3] Das SSD könnte bei einem ersten Gespräch entstanden sein. Später muss es detaillierter sein!

Abb. 2.4 Schnittstellendiagramm Campingplatzverwaltungssystem

Folgendes fällt auf:

- Das Sammeln von Kundendaten, Reservierungen und Buchungen erfolgt über eine Internetpräsenz. Dies ist eine Internetseite, auf der man sich als Kunde über den Campingplatz informieren und auch einen Stellplatz reservieren und buchen kann.
- Es gibt Belegungsdaten des Campingplatzes, welche das Campingplatzverwaltungssystem aus der Menge der vorhandenen Stellplätze und der Menge der Buchungen und Reservierungen ermittelt hat. Diese Belegungsdaten können dem Kunden im Internet zeigen, ob der Campingplatz zu bestimmten Zeiten noch Parzellen frei hat, oder voll belegt ist.
- Kunden bezahlen auch mit Kreditkarten. Daher muss es für das Campingplatzsystem die Möglichkeit geben, Kreditkarten zu prüfen und zu belasten. Dieser Vorgang wird Buchung genannt.
- Die Schnittstelle zur Bank wird außerdem für Überweisungen und für das Einholen von Belegen (Kontoauszügen, Buchungsbelege Kreditkarten, diverse Auswertungen über andere Geldgeschäfte) genutzt.

Du erkennst auf einen Blick, welche unterschiedlichen Daten das Campingplatzverwaltungssystem bekommt und welche Daten es liefern muss. Und du siehst auch, woher diese kommen. Für einen weiteren Ausbau sind noch weitere Schnittstellen denkbar – zu den bereits abgebildeten oder auch zu neuen Partnern.

In folgenden Punkten unterscheiden sich die Beispiele in Abb. 2.3 und 2.4:

- Während im ersten Beispiel ein Geschäft im Vordergrund steht, ist dies in Abb. 2.4 ein IT-System.
- Das zweite Beispiel verfeinert in einigen Aspekten das erste Beispiel. So wird der Austausch mit der Bank im zweiten genauer dargestellt.

2.2 Schnittstellendiagramm

In Projekten ist zu unterscheiden zwischen den beiden Begriffen *Geschäftssicht* und *IT-Sicht*. Die Bedeutung dieser Erkenntnis für das SSD erläutern wir am Beispiel eines Supermarktes.

- Geschäftssicht
  Wenn man für einen großen Verbrauchermarkt darstellt, welche Waren, Formulare und Geldmengen das Geschäft durchströmen, ergibt dies die Geschäftssicht. Genau wie dies in Abb. 2.3 für einen Campingplatz vorgestellt wurde.
- IT-Sicht
  Der Verbrauchermarkt arbeitet vielleicht mit einem zentralen IT-System. Dieses arbeitet nicht mit Waren, wohl aber mit den Daten der Waren. Eine Aufgabe des zentralen IT-Systems ist es, in Abhängigkeit von der Anzahl der verkauften Artikel, beim Lieferanten automatisch einen Bestellvorgang auszulösen. Diese Datenflüsse vom eigenen zu einem IT-System des Lieferanten gehören zur IT-Sicht. Diese wurde in Abb. 2.4 für ein Campingplatzsystem dargestellt.

▶ Mit einem Schnittstellendiagramm kann sowohl die IT-Sicht als auch die Geschäftssicht dargestellt werden.

Ein Schnittstellendiagramm wird im Kernbereich in der Phase Konzeption eingesetzt. Dort kann sowohl die Geschäfts- als auch die IT-Sicht interessant sein. Wichtige Fragen des Dienstleisters an den Kunden bei der Erarbeitung des Diagramms sind:

- Mit welchen Partnern arbeiten Sie zusammen?
- Welche Informationen geben Sie an die Partner weiter?
- Welche Informationen bekommen Sie von den Partnern?

Die Antworten zu diesen Fragen können in einem Schnittstellendiagramm zusammengefasst werden und fördern ein gemeinsames Verständnis zwischen Auftraggeber und Auftragnehmer.

Das Schnittstellendiagramm wird auch in der Phase Design für die Darstellung der IT-Sicht benutzt. Zum Beispiel kann eine Entwicklerin den entsprechenden IT-kundigen Ansprechpartner bei einem Kreditkartenunternehmen oder bei der Bank fragen:

- Welche Schnittstellen für eine Kreditkartenprüfung bietet Ihr Unternehmen an?
- Welche Datenfelder in welchen Formaten müssen Ihnen zur Verfügung gestellt werden?
- Welche Datenfelder in welchen Formaten bekommen wir zurückgesandt?

Die Antworten auf diese Fragen werden in einem Schnittstellendiagramm dokumentiert. Mögliche Datenfelder sind dabei die Kreditkartennummer oder der Name der Karteninhaberin. Das Format legt fest, ob zum Beispiel für den Nachnamen ein 40-stelliges oder ein 60-stelliges Feld für die Übertragung verwendet wird.

2.2.1 Notationselemente und Aufbau des Diagramms

Das SSD hat nur sehr wenige Notationselemente. Sie werden wie folgt unterschieden:

Das betrachtete Geschäft oder das betrachtete IT-System wird vom Kreis in der Diagrammmitte dargestellt. Allgemein spricht man von dem *zentralen System*. Um dieses zentrale System und dessen Schnittstellen geht es in diesem Diagramm – der Name des Systems wird in die Mitte des Kreises geschrieben.

Das *externe System*, manchmal Nachbar- oder Fremdsystem genannt, ist von dem zentralen System getrennt. Es wird im Schnittstellendiagramm als ein Rechteck gezeichnet, in dem der Name des externen Systems eingetragen wird. Die externen Systeme stellen Informationen, Daten, Waren oder Dienstleistungen für das zentrale System bereit und empfangen ebensolche von dort.

Es ist vorstellbar, dass externe Systeme auch untereinander kommunizieren. Dies wäre beispielsweise der Fall, wenn in Abb. 2.3 der Kunde eine Überweisung an die Bank schickt. Dieser Vorgang würde das Campingplatzgeschäft nicht direkt betreffen. Ein solcher Datenaustausch zwischen externen Systemen wird im Schnittstellendiagramm daher meistens nicht dargestellt.

Der *Pfeil* symbolisiert den Fluss der Waren, Daten, Informationen usw. und gibt die Flussrichtung an. Ein Informations- oder Warenfluss ist durch zwei Dinge gekennzeichnet: Erstens benötigt er ein Medium, welches für den Waren- oder Informationstransport verantwortlich ist. Dieses kann ein Dokument aus Papier sein, welches ausgetauscht wird, oder es kann eine technische Schnittstelle zwischen zwei Computersystemen sein. Dieser erste Aspekt – das Mittel zum Austausch – wird in dem Schnittstellendiagramm in der Regel nicht benannt.

2.2 Schnittstellendiagramm

Zweitens geht es immer um die Art oder den Inhalt der Informationen und Waren. Beispiele dafür sind: Erbrachte Leistungen, gelieferte Waren und die Rechnung. Dieser zweite Aspekt wird immer dargestellt.

2.2.2 Chancen und Gefahren und was du sonst noch wissen solltest

Obwohl das Schnittstellendiagramm recht einfach zu verstehen ist, können folgende Überlegungen hilfreich sein.

Du kannst im Projektgeschehen beispielsweise in folgende Situationen kommen:

- Du verstehst die Ausführungen eines Kunden im Gespräch nicht spontan, weil er dich gedanklich abgehängt hat.
- Du sollst die Funktion eines komplexen Systems deutlich machen und weißt nicht, wo du anfangen sollst.
- Deine Aufgabe ist, ein Softwaresystem oder ein Programm zu dokumentieren.

In all diesen Situationen solltest du an Schnittstellendiagramme denken. An den unterschiedlichen Einsatzmöglichkeiten erkennst du ihre Vielseitigkeit. Die einfachen Fragen „Was geht in das zentrale System hinein und was geht raus?", die du dir hinter die Ohren schreiben solltest, helfen in den genannten Situationen.

Alle Informationen, die in das zentrale System einlaufen oder dieses verlassen, können unter Umständen Auslöser für bestimmte Geschäftsprozesse sein. Beispiele hierfür sind:

- Ein Kunde nimmt eine Buchung auf einem Campingplatz vor.
- Die Begleichung einer Rechnung wird bei der Bank angewiesen.

Ein Schnittstellendiagramm wird manchmal scherzhaft auch als 50.000-Euro-Diagramm bezeichnet. Sollte nämlich eine Schnittstelle in einer frühen Projektphase vergessen werden, so ist schnell dieser Betrag in den Sand gesetzt.

Bei einem Schnittstellendiagramm gibt es rein optisch gesehen die Verwechslungsgefahr mit einer Mindmap. Eine solche hat ebenfalls ein Zentrum, Pfeile und Beschriftungen. Aber: Mindmaps sind Kreativtechniken. Und ein Schnittstellendiagramm sollte sich streng am Geschäft bzw. an den Systemen ausrichten.

Das Schnittstellendiagramm gehört nicht zur UML. Es entstammt dem Ansatz der *Strukturierten Analyse*.

Hintergrundinformation
Wenn du im Internet mit dem Suchbegriff *Strukturierte Analyse* (structered analysis (SA)) recherchierst, wirst du folgendes erkennen:
Das hier dargestellte Schnittstellendiagramm ist gleich dem Kontextdiagramm aus der Strukturierten Analyse.

Mit der Strukturierten Analyse können Funktionen hierarchisch aufgegliedert werden: Eine Funktion (wie zum Beispiel Campingplatzverwaltung) kann in mehrere weitere Funktionen (wie zum Beispiel: Reservierung, Abrechnung, Werkstattbetrieb) zergliedert werden. Die dann genutzten Diagrammtypen haben noch weitere Notationselemente, wie zum Beispiel den Informationsspeicher.

▶ Das Schnittstellendiagramm visualisiert die Aspekte: Eingabe, Ausgabe und Schnittstellen.
Es besteht aus dem zentralen System und den externen Systemen. Dazwischen gibt es Flüsse von Waren, Informationen, Dienstleistungen usw.
Ein Schnittstellendiagramm ist vielseitig wie ein Schweizer Messer.
Mit einem Schnittstellendiagramm kannst du gut beginnen, wenn du mit einem Projekt konfrontiert wirst.

2.3 Aktivitätsdiagramm

Mit Aktivitätsdiagrammen kannst du Abläufe aller Art beschreiben. Zum Beispiel, wie ein Kinobesuch oder der Besuch bei deiner Oma typischerweise abläuft. Das Diagramm ist recht einfach zu verstehen, denn bis auf wenige Ausnahmen sind die Symbole nahezu selbsterklärend. Das siehst du schon an dem Beispiel in Abb. 2.5. Dabei geht es um ein Essen auf dem Campingplatz. Zunächst musst du einkaufen, dann wirfst du den Grill an und grillst die Würstchen. Falls dir die Würstchen verkohlen, entscheidest du dich, Tütensuppe zu kochen und zu essen. Wenn die Würstchen nicht verbrannt sind, isst du doch lieber die Wurst. In jedem Fall musst du abspülen. ☺

Das Aktivitätsdiagramm gehört zu der Familie der UML-Diagramme. Im Prozess der Softwareentwicklung wird es zu verschiedenen Zwecken genutzt:

- In einer frühen Projektphase dient es dazu, Geschäftsabläufe in der Übersicht zu beschreiben.
- Es wird verwendet, um Geschäftsabläufe im Detail darzustellen.
- Softwarearchitekten und Programmiererinnen können mit diesem Diagramm Abläufe in der Software visualisieren.

Du siehst also: Das Diagramm ist sowohl für Auftraggeber als auch für IT-ExpertInnen interessant!

2.3 Aktivitätsdiagramm

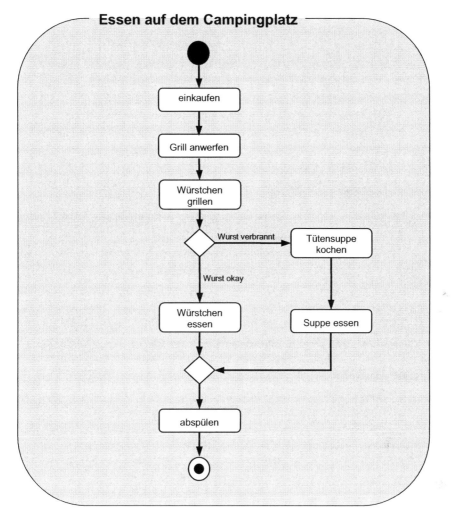

Abb. 2.5 Aktivitätsdiagramm „Essen auf dem Campingplatz"

2.3.1 Notationselemente und Aufbau des Diagramms

Die wichtigsten Notationselemente des Aktivitätsdiagramms stellen wir an einem etwas ausführlicheren Beispiel vor. Bitte studiere Abb. 2.6!

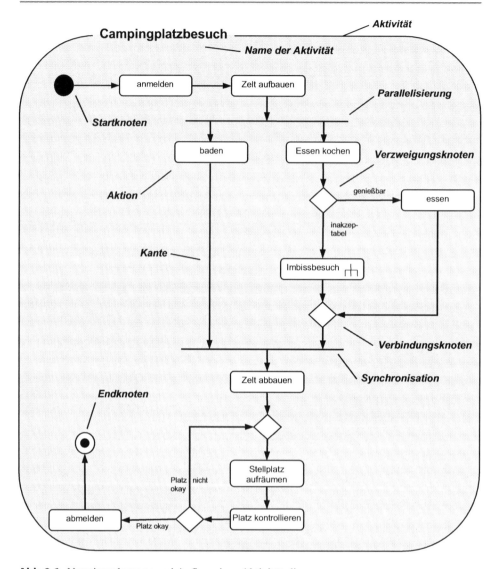

Abb. 2.6 Notationselemente und Aufbau eines Aktivitätsdiagramms

Das, was du auf dem Bild sehen kannst, heißt zusammengenommen *Aktivität*. Oben links siehst du den Namen der Aktivität, nämlich *Campingplatzbesuch*. Die Aktivität wird eingerahmt durch ein Rechteck mit abgerundeten Ecken. Präzise formuliert müsste es heißen: „Abbildung 2.6 zeigt ein Aktivitätsdiagramm mit der Aktivität *Campingplatzbesuch*."

2.3 Aktivitätsdiagramm

Auf der Abb. 2.5 siehst du viele *Aktionen*. Sie beschreiben, was passiert – einen Prozess oder eine Funktionalität. Aktionen werden durch ein Rechteck mit abgerundeten Ecken dargestellt. In der Mitte steht der Name der Aktion, zum Beispiel „anmelden". Aktionen stellen die kleinste Einheit dar, mit der Prozesse oder Funktionalitäten beschrieben werden. Darum stößt man oft auf die Frage: „Wie fein will ich denn meinen Ablauf darstellen?[4]" Du könntest ja zum Beispiel noch genauer auseinander dröseln[5], wie das Anmelden vonstattengeht. Aber die Modelliererin unseres Beispieldiagramms hat sich dagegen entschieden. Die Antwort auf die Frage der Feinheit (du kannst ja auch *Granularität eines Diagramms* dazu sagen) ist eine sehr schwere Entscheidung, die von vielen Faktoren abhängt. Beispielsweise vom Zweck des Diagramms (Übersicht oder Detail), von der Zielgruppe und auch von deinen eigenen Erfahrungen: Wenn du haargenau weißt, wie etwas abläuft, fällt dir das Zeichnen eines Aktivitätsdiagramms viel leichter, als wenn du etwas modellierst, das du nur wenig kennst.

Die Aktionen und die anderen Elemente sind untereinander verbunden durch *Kanten*. Durch die Pfeilspitze wird angegeben, in welcher Richtung die Aktivität durchlaufen wird – glasklar ohne weitere Erläuterungen zu verstehen.

Durch eine *Parallelisierung* wird der Ablauf in der Aktivität aufgespalten. Es ist gut möglich, dass Teile in der Aktivität unabhängig voneinander ablaufen können. Bei unserem kurzen Campingplatzbesuch in Abb. 2.6 sind die Themen Baden und Essen dargestellt. Durch die Parallelisierung wird ausgesagt, dass es egal ist, ob erst gebadet und dann gegessen wird, oder ob das genau andersherum abläuft. Beide Wege haben nichts miteinander zu tun. Aber beide müssen durchlaufen werden. Die Parallelisierung wird durch

---

[4] Wenn du professionell wirken willst, verwende hier das Verb „modellieren" statt „darstellen".
[5] Dröseln = etwas zerlegen, um es zu untersuchen.

einen etwas dickeren Balken markiert, in den eine Kante einläuft und von dem mehrere Kanten abgehen.

Das Gegenstück zur Parallelisierung ist die *Synchronisation*. Dadurch werden parallele Wege wieder zusammengeführt – oder anders ausgedrückt *synchronisiert*. Im Beispiel in der Abb. 2.6 heißt das, dass du erst mit dem Zeltabbau beginnen kannst, wenn du sowohl gebadet als auch gegessen hast. Die Synchronisation bedeutet nämlich im Allgemeinen ein logisches UND: Alle Wege, die dort enden, müssen vollständig abgearbeitet sein. Man kann auch angeben, dass ein logisches ODER gelten soll[6] – am Synchronisationsbalken wurden dann mindestens ein Weg oder mehrere Wege durchlaufen. Die Synchronisation besteht aus einem etwas dickeren Balken, der die parallelen Wege aufnimmt und von dem eine Kante abgeht.

In Abläufen ist es typisch, dass bestimmte Entscheidungen über den weiteren Weg bestimmen. Wenn das gekochte Essen ungenießbar ist, soll eben etwas anderes passieren, als wenn die Kochkünste ausreichend waren. Solche Entscheidungen werden im Aktivitätsdiagramm durch *Verzweigungsknoten* dargestellt. Ein Verzweigungsknoten ist eine Raute, in die eine Kante einläuft und von der mehrere Kanten abgehen. An jeder abgehenden Kante ist notiert, unter welchen Bedingungen dieser Weg beschritten werden soll. Beachte den Unterschied zur Parallelisierung: Nach einem Verzweigungsknoten wird genau ein Weg gewählt – nach einer Parallelisierung werden alle Wege beschritten.

Verbindungsknoten führen verzweigte Wege wieder zusammen. Im Beispiel: Egal, ob du im Imbiss warst oder dein gekochtes Essen gegessen hast – danach geht's mit beiden Varianten gemeinsam weiter. Verbindungsknoten werden auch durch eine Raute dargestellt. Es laufen allerdings genau umgekehrt wie bei der Verzweigung mehrere Kanten

---

[6] Wenn das logische ODER gelten soll, muss am Balken OR angegeben werden.

2.3 Aktivitätsdiagramm

ein, und nur eine führt hinaus. Als Faustregel gilt: Was durch einen Verzweigungsknoten getrennt wurde, wird durch einen Verbindungsknoten wieder zusammengeführt.

Jetzt, wo du die Verbindungsknoten kennst, kannst du auch folgende Regel beachten: In jede Aktion läuft nur genau eine Kante. Wenn es eigentlich mehr sind (wie in Abb. 2.6 vor „Stellplatz aufräumen"), packst du einfach einen Verbindungsknoten davor.

Mit dem Paar Verzweigungsknoten und Verbindungsknoten kann etwas modelliert werden, das in Abläufen oft vorkommt: Wiederholungen, manchmal auch Schleifen genannt. Zoomen wir dazu mal in die Abb. 2.6.

In Abb. 2.7 passiert Folgendes: Der Stellplatz wird zuerst aufgeräumt und danach wird der Stellplatz kontrolliert. Wenn der Platz in Ordnung ist, kannst du dich abmelden. Aber wenn nicht, musst du das Aufräumen wiederholen. Nach der Kontrolle gelangst du wieder an den Verzweigungsknoten, der entscheidet, ob der Platz in Ordnung ist. Und so weiter und so fort. Solange wird dieser Zyklus wiederholt, bis der Platz in Ordnung ist. Theoretisch kann er auch unendlich laufen – aber wir glauben, dass du ein ordentlicher Mensch bist und irgendwann genug aufgeräumt hast.

Du kannst dir leicht vorstellen, dass Aktivitätsdiagramme schnell unübersichtlich werden. Als LeserIn siehst du viele Symbole und Zeichen, aber kannst die grobe Information des Diagramms („Um was geht es hier eigentlich?") nicht als Ganzes erkennen. Deshalb gibt es das *Verfeinerungssymbol*. In Abb. 2.6 ist „Imbissbesuch" keine Aktion, sondern der Hinweis darauf, dass es ein eigenes Aktivitätsdiagramm mit diesem Namen gibt, das du in Abb. 2.9 in voller Schönheit findest. Auf diese Weise werden also verschieden genaue Darstellungen von Abläufen möglich. Umfangreiche Beschreibungen von Abläufen können so gegliedert werden. Es wäre beispielsweise denkbar, den Campingplatzbesuch

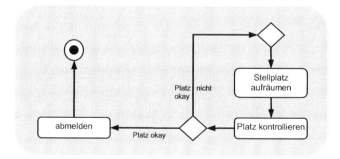

Abb. 2.7 Modellierung von Wiederholung

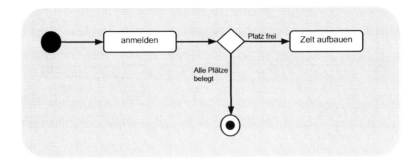

Abb. 2.8 Zusätzlicher Endknoten

zunächst nur mit drei Verfeinerungen zu modellieren, die dann in eigenen Aktivitätsdiagrammen erläutert werden: Ankunft – Aufenthalt – Abreise.

Es fehlt noch die Erläuterung von zwei Elementen aus dem Beispiel: Der *Startknoten* und der *Endknoten*. Der Startknoten (ausgefüllter Kreis) zeigt dir, wo es losgeht, der Endknoten (ausgefüllter Kreis mit Umrandung) den Abschluss der Aktivität. Ein Diagramm darf auch mehrere solcher Knoten beinhalten. Zum Beispiel könnte unser Beispiel so ergänzt werden, wie in Abb. 2.8 zu sehen ist.

In Abb. 2.8 wird ein weiterer Endknoten eingezeichnet. Dadurch wird betont, dass der Besuch auf dem Campingplatz auf verschiedene Weisen enden kann: Entweder erfolgreich oder nicht erfolgreich. Denn bevor es richtig losgeht, ist die Sache schon zu Ende, weil kein Stellplatz mehr frei ist. Diesem zweiten (etwas traurigem) Ausgang der Geschichte wird ein eigener Endknoten spendiert.

Abbildung 2.9 zeigt nun den Imbissbesuch etwas detaillierter. Du kannst in dieser Abbildung zwei weitere Elemente studieren. Mit Hilfe von *Aktivitätsbereichen* wird ausgedrückt, welchem Akteur eine Aktion zugeordnet ist. Beim Imbissbesuch muss ein Gast ein Gericht bestellen, essen und bezahlen. Der Imbissbesitzer muss das Gericht kochen. Du siehst, wie ein Aktivitätsbereich aufgebaut ist: Oben stehen die Akteure, außen herum ist ein Rahmen. Die Verantwortungsbereiche der Akteure werden durch eine gestrichelte Linie getrennt. Diese Linie wird oft auch *Swimlane*[7] genannt.

---

[7] Swimming lane (engl.) = Schwimmbahn.

2.3 Aktivitätsdiagramm

Ein zweites Notationselement ist zu sehen, nämlich der *Objektknoten*. Manchmal möchte man im Aktivitätsdiagramm auch die anfassbaren Dinge darstellen, die in einem Ablauf vorkommen: Der Imbissbesitzer kocht das Gericht, welches dann vom Gast gegessen wird. Objektknoten werden als Rechtecke dargestellt. In die Mitte kommt der Name des Objekts. Objektknoten können auch als Start- oder Endknoten verwendet werden, wenn ein Objekt eine Aktivität auslöst oder ihr Ende markiert. Wenn du eine Freikarte für das Fußballspiel geschenkt bekommst, dann ist diese Freikarte eben der Startpunkt für die Aktivität „Stadionbesuch".

Soweit zu den wichtigsten Notationselementen. Du musst wissen, dass es noch einige mehr gibt. Du findest sie sehr schön vorgestellt zum Beispiel in den Büchern von Rupp et al. (2007) oder von Oestereich (2006).

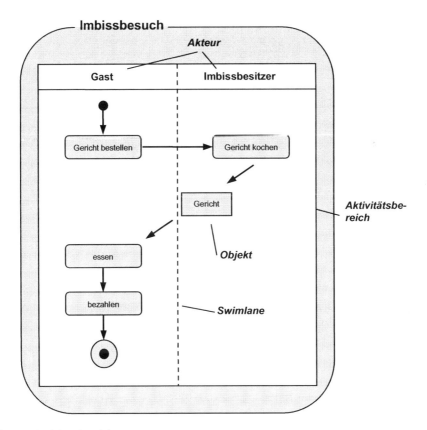

Abb. 2.9 Aktivitätsbereiche

2.3.2 Aktivitätsdiagramm als Prozessbeschreibungen

Die UML schreibt nicht vor, wozu Aktivitätsdiagramme verwendet werden sollten. Es gibt keinerlei Einschränkungen. Sie kommen daher an verschiedenen Stellen im Softwareentwicklungsprozess vor. Besonders gut eignen sie sich zur Abbildung geschäftlicher Abläufe. Die Aktionen in dem Diagramm sind dann die einzelnen Geschäftsprozesse, wie wir sie in Abschn. 2.1 vorgestellt haben. Solche Aktivitätsdiagramme werden häufig durch Texte ergänzt, die mit Worten erläutern, was im Diagramm zu sehen ist. Denn: Das Diagramm zum Campingplatzbesuch verstehst du sofort – ein Diagramm, das zum Beispiel die Abläufe in der Organisation eines CD-Herstellers zeigt, ist wahrscheinlich nicht selbst erklärend. Bei der Beschreibung der einzelnen Geschäftsprozesse ist es sehr sinnvoll, einen strukturierten Text zu verwenden, der für alle Geschäftsprozesse gleichartig ist. Abbildung 2.10 zeigt eine solche Struktur für den Geschäftsprozess *Buchung durchführen* aus unserem Beispiel (siehe Abb. 2.2). Hast du dir das auch so vorgestellt?

Was bedeuten die jeweiligen Einträge in der strukturierten Beschreibung?

- Name
  Ist dir sofort klar – der Name des Geschäftsprozesses!
- Ziel
  In einem Satz: Was soll erreicht worden sein, wenn der Geschäftsprozess erfolgreich abgelaufen ist?
- Ablauf
  Beschreibung, was passiert – möglichst Schritt für Schritt!
- Akteur
  Wer treibt diesen Prozess voran?
- Kennzahlen
  Welche wichtigen Zahlen charakterisieren den Geschäftsprozess? Kennzahlen sind wichtig, um Größenordnungen zu verstehen. Es ist ein entscheidender Unterschied, ob ein Unternehmen 200 oder 20 Millionen Kunden hat: Im ersten Fall werden zur

Name	Buchung durchführen
Ziel	Ein Gast ist für den Aufenthalt angemeldet
Ablauf	1) Personalien erfragen 2) Besuchszeitraum feststellen 3) Stellplatz aussuchen
Akteur	Pächter
Kennzahlen	Etwa 10.000 Anmeldungen im Jahr pro Campingplatz Etwa 200 Stellplätze

Abb. 2.10 Prozessbeschreibung

2.3 Aktivitätsdiagramm

Verwaltung der Kunden im Notfall Karteikarten und Bleistift verwendet, was bei der zweiten Zahl wohl eher unklug wäre.

Du merkst sofort, dass diese strukturierte Beschreibung sinnvoll ist. Bitte beachte noch zwei Dinge dazu:

- Die UML sieht keine Beschreibung von Aktionen vor. Die beschreibenden Texte gehören nicht zum UML-Standard.
- Die hier vorgestellte Struktur ist typisch, aber kein Standard. Du kannst auf andere geeignete Strukturen zur wortreichen Beschreibung von Geschäftsprozessen stoßen. Bei sehr großen Projekten findest du vielleicht eine Nummer für jeden Prozess. Oder es ist ein Eintrag für die Zuordnung zu einer Abteilung vorgesehen. Oder, oder, oder.

2.3.3 Chancen, Gefahren und was du sonst noch wissen solltest

Das Aktivitätsdiagramm funktioniert sehr gut zur Beschreibung von Abläufen. Es hat den Vorteil, sehr gut verstanden zu werden – jedenfalls was die einfachen Notationselemente angeht. Es ist jedoch auch für Kundige, die alle Notationselemente kennen, sehr ausdrucksstark. Es lassen sich auch komplizierte Abläufe darstellen! In der Kombination „einfach und trotzdem viele Möglichkeiten" liegt eine Stärke dieses Diagramms!

Aktivitätsdiagramme sind nicht auf IT-Projekte beschränkt. Sie sind auch für Nicht-IT'lerInnen ein sehr gutes Werkzeug zur Beschreibung von Abläufen. Auch das ist ein Vorteil dieser Methode.

Zum Aktivitätsdiagramm gibt es einige Alternativen, die sich auch gut zur Darstellung von Abläufen eignen, zum Beispiel:

- Prozessketten
  Mit Prozessketten lassen sich Geschäftsabläufe gut beschreiben. Es gibt sie in zahlreichen Varianten. Eine Beschreibung findest du zum Beispiel im Buch von Steinweg (Steinweg 2005).
- Programmablaufplan (PAP)
  PAPs kommen aus der Programmierung und verwenden zum Teil ähnliche Symbole. Sie werden vor allem zur Beschreibung von detaillierten Algorithmen benutzt. Ein PAP nutzt standardisierte Symbole und heißt auch *Flussdiagramm*.

▶ Mit Aktivitätsdiagrammen können sehr gut Abläufe beschrieben werden. Die Aktionen stellen die kleinste funktionale Einheit dar. Zur Modellierung eines Ablaufs steht eine Vielzahl von Notationselementen zur Verfügung. Aktivitätsdiagramme kommen in allen Phasen der Softwareentwicklung vor. Sie eignen sich besonders gut zur Darstellung von Geschäftsabläufen.

2.4 Use Case-Diagramm

Use Cases sind vielen SoftwareentwicklerInnen das liebste Werkzeug! Mit Use Case-Diagrammen kannst du die Funktionalität eines IT-Systems in einer strukturierten Form darstellen. Es beantwortet die Frage: „Wer soll was[8] mit dem System tun können?" Beispiele für Use Cases, die du aus deinem Computeralltag kennst, sind: *Datei öffnen*, *Bild einfügen* oder auch *Windows herunterfahren*. Mit „strukturierter Form" im zweiten Satz dieses Abschnitts ist zweierlei gemeint:

1. Die gesamte Funktionalität des Systems ist in sinnvolle Einheiten strukturiert. Es wird nicht in einem sehr langen Roman-Text ohne Absätze beschrieben, was das System kann. Stattdessen werden die Fähigkeiten des Systems in wohl dosierten Häppchen dargelegt. Damit ist das System modular[9] aufgebaut!
2. Die einzelnen Häppchen werden in einer formalisierten Tabelle beschrieben – also ebenfalls strukturiert.

Das Use Case-Diagramm hat eine zentrale Rolle im Prozess der Softwareentwicklung. Es bildet das Zentrum der UML-Diagramme – es gibt Projekte, in denen die gesamte fachliche Diskussion anhand von Use Cases geführt wird. Sowohl Auftraggeber als auch Auftragnehmer arbeiten mit diesem Diagrammtyp. Oft stellt es eine wichtige Kommunikationsgrundlage zwischen diesen beiden dar. Idealerweise ist die komplette Funktionalität des IT-Systems in Form von Use Cases modelliert – es gibt keine zusätzlichen funktionalen Anforderungen[10].

Hintergrundinformation
Achtung: Wir meinen mit Use Cases immer Funktionen eines IT-Systems. Manchmal trifft man auch auf Menschen, die Geschäftsabläufe mit Use Cases beschreiben. Ein Use Case ist dann ein Geschäftsprozess – zum Beispiel Anreiseformalitäten erledigen. In diesem Use Case wird dann dokumentiert, wie das Einchecken eines Gastes von statten geht – unabhängig von den IT-Systemen, die diesen Prozess unterstützen.
Andere Menschen nutzen Use Cases sowohl für die Beschreibung von Geschäftsabläufen als auch für die Modellierung von IT-Funktionalität. Sie unterscheiden dann zwischen Business Use Cases und System- oder IT-Use Cases.
Wenn jemand von Use Cases spricht, darfst du im Zweifelsfall immer fragen, ob Geschäftsabläufe oder IT-Funktionalität gemeint sind!

Ein Use Case wird auch *Anwendungsfall* genannt. Es bedeutet ein und dasselbe. Entsprechend heißt das Use Case-Diagramm auch *Anwendungsfalldiagramm*.

---

[8] Superwichtig: es wird nicht beschrieben, wie das IT-System intern aufgebaut ist, um die beschriebene Funktionalität zu erfüllen!
[9] Modul = austauschbares Teil eines Ganzen.
[10] Funktionale Anforderungen = Anforderungen an die Funktionen eines Programms. Es gibt auch nicht-funktionale Anforderungen an ein IT-System, zum Beispiel an die Benutzerfreundlichkeit.

2.4.1 Übersicht zum Use Case-Diagramm

Vielleicht ist das Diagramm deshalb so beliebt, weil es aus sehr wenigen (und sehr einfachen) Elementen besteht. Abbildung 2.11 zeigt ein vollständiges Use Case-Diagramm.

Das Diagramm in Abb. 2.11 zeigt die Funktionen des IT-Systems für den Campingplatz, die bei der Reservierung eines Stellplatzes benötigt werden. Du kannst schon Folgendes erahnen:

- Die Funktionen werden vom Mitarbeiter in der Rezeption benutzt (denn dort kommt die Reservierungsanfrage eines Kunden an).
- Die Reservierung besteht im Wesentlichen aus drei Teilaufgaben, nämlich:
  - Die Reservierung bezieht sich immer auf einen Kunden. Er muss im IT-System ausgewählt oder neu angelegt werden.
  - Eine Reservierung bezieht sich immer auf einen bestimmten Zeitraum, der ebenfalls festgelegt werden muss.
  - Die Reservierung bezieht sich immer auf einen freien Stellplatz, der gefunden werden muss.
- Die einzelnen Funktionalitäten stehen in irgendeiner Beziehung zueinander.
- Eine Eingrenzung des IT-Systems ist auch eingezeichnet.

Jede Ellipse in dem Diagramm stellt einen *Use Case* dar. In der Mitte steht der Name des Use Case. Ein Use Case ist ein Stück gekapselte Funktionalität, die ein Akteur (das ist meistens ein menschlicher Benutzer – siehe unten!) mit einem IT-System ausführen kann. „Gekapselt" bedeutet: Die Funktionalität ist sinnvoll und in sich geschlossen. Ein Aspekt des Systems (zum Beispiel: Öffnen einer Datei) wird in einem Use Case voll und ganz beschrieben. Alles, was du dazu wissen musst, ist in diesem Use Case enthalten (also gekapselt) – nirgendwo sonst findest du etwas zu diesem Aspekt. Zu einem Use Case in einem Diagramm gehört immer eine Beschreibung der Funktionalität durch einen Text. Dies ist so wichtig, dass es einen eigenen Abschnitt dazu gibt (siehe Abschn. 2.4.2).

Die Use Cases sind mit gestrichelten Pfeilen verbunden, die eine *Beziehung zwischen den Use Cases* deutlich machen. Es gibt zwei sehr wichtige Beziehungen: Die *include-*

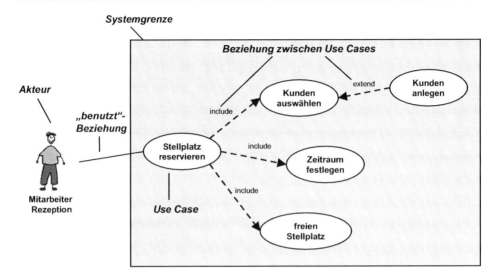

Abb. 2.11 Use Case-Diagramm

und die *extend*-Beziehung. Am Pfeil steht immer geschrieben, welche Beziehung gemeint ist.

Mit der *include*-Beziehung[11] wird ausgedrückt, dass der Use Case an der Pfeilspitze immer dann ausgeführt wird, wenn der Use Case am Pfeilanfang ausgeführt wird. In Abb. 2.11 siehst du: Stets, immer und ohne Ausnahme muss bei der Reservierung eines Stellplatzes (Use Case *Stellplatz reservieren*) auch der Use Case *Zeitraum festlegen* ausgeführt werden. Es gibt kein Reservieren ohne das Festlegen eines zugehörigen Zeitraums. Du könntest also auch sagen: „Der Use Case *Stellplatz reservieren* ruft den Use Case *Zeitraum festlegen* auf." Oder eben: „Der Use Case *Stellplatz reservieren* beinhaltet den Use Case *Zeitraum festlegen*."

Die *extend*-Beziehung[12] ist etwas weicher: Sie sagt aus, dass der Use Case an der Pfeilspitze nur unter bestimmten Umständen ausgeführt wird. In Abb. 2.11 siehst du (oben rechts) ein typisches Beispiel: Für eine Reservierung muss ein Kunde ausgewählt werden. Aber: Was ist, wenn ein neuer Kunde anruft, der bisher im System nicht gespeichert ist? Dann, nur dann und unter diesen Umständen muss aus dem Use Case *Kunden auswählen* heraus der Use Case *Kunden anlegen* aufgerufen werden, mit dessen Hilfe ein neuer Kunde im System gespeichert werden kann. Man könnte das auch so formulieren: „Der Use Case *Kunden anlegen* erweitert den Use Case *Kunden auswählen*."

Noch ein Wort zur Pfeilrichtung. Du musst vom Pfeilanfang zur Pfeilspitze lesen und dann das Verb dazwischen packen, dann wird die Pfeilrichtung verständlicher:

---

[11] Include (engl.) = einbinden, beinhalten.
[12] Extend (engl.) = erweitern, ausbauen.

2.4 Use Case-Diagramm

- *Stellplatz reservieren* schließt *Zeitraum festlegen* ein,
- *Kunden anlegen* erweitert *Kunden auswählen*.

Ein *Akteur* nutzt die Funktionalität, die in den Use Cases beschrieben wird. Ein Akteur ist oft ein menschlicher Benutzer. Unter dem Symbol steht aber nicht der Name des Menschen („Willi"), sondern die Rolle, die er bei der Benutzung des Systems inne hat („Mitarbeiter Rezeption"). Selbst hunderte spätere Nutzer könnten sich in ein und derselben Rolle wiederfinden. Deshalb kannst du vornehm formulieren: „Ein Akteur ist eine Rolle zur Nutzung des Systems." Aber Achtung: Ein Akteur kann auch ein anderes IT-System sein. Nämlich dann, wenn dieses andere System auf die im Diagramm beschriebenen Use Cases zugreift.

Jeder Akteur ist über die *benutzt*-Beziehung mit einem oder mehreren Use Cases verbunden. Benutzt-Beziehungen sind einfache Striche ohne Pfeilspitze. Sie sagen nur aus, dass der Akteur direkt auf diesen Use Case zugreifen kann. Der Use Case steht ihm ohne Einschränkungen unmittelbar zur Verfügung. Andere Use Cases im Diagramm kann er nur indirekt nutzen. In Abb. 2.11 kann der Akteur *Mitarbeiter Rezeption* den Use Case *Freien Stellplatz suchen* nicht direkt aufrufen, sondern nur aus dem Use Case *Stellplatz reservieren* heraus benutzen.

Die *Systemgrenze* ist ein Rechteck, welches um die Use Cases gezogen ist, die zum System gehören. Alles, was nicht zum System gehört, ist außerhalb des Rechtecks. In unserem Beispiel in Abb. 2.11 bringt die Systemgrenze keinen wirklichen Erkenntnisgewinn, weil sowieso klar ist, dass nur der menschliche Akteur nicht zum IT-System gehört.

2.4.2 Use Case-Beschreibungen

Ein Use Case-Diagramm zeigt dir eine Übersicht der Systemfunktionalität. Jeder Use Case wird in einer *Use Case-Beschreibung* genauer erläutert. Diese Beschreibung geschieht in einer strukturierten Form mit Hilfe einer Tabelle. In Abb. 2.12 siehst du die erste Beschreibung für den Use Case *Kunden auswählen*.

Der erste Eintrag in der Tabelle ist der *Name* des Use Cases. Der Name macht den Use Case einzigartig und eindeutig. Der Name soll deutlich sein. Besonders bewährt hat

Name	Kunden auswählen
Ziel	Ein Kunde ist ausgewählt
Ablauf	1) Kunden suchen und anzeigen folgende Suchkriterien sind möglich: Name, Ort, Kundennummer. Auch Kombinationen. Das System zeigt die Kunden an, die den Suchkriterien entsprechen (dann Schritt 2a) oder sagt, dass kein Kunde den Suchkriterien entspricht (dann Schritt 2b) 2a) Kunden wählen Aus der Liste wird ein Kunde markiert und ausgewählt. 2b) Neuen Kunden anlegen Ein neuer Kunde wird angelegt (siehe UC Kunden anlegen) und als ausgewählter Kunde vermerkt.
Vorbedingung	keine
Ergebnis	Der Kunden-Datensatz ist im System als aktueller Kunde gekennzeichnet.
Alternativen	Was soll geschehen, wenn die Trefferliste (Schritt 1) sehr groß ist?

Abb. 2.12 Use Case-Beschreibung

sich die Kombination von einem Substantiv mit einem Verb, weil dadurch grob klar wird, was gemacht werden soll. In großen Softwareprojekten gibt es vielleicht mehr als hundert Use Cases. Das wird unübersichtlich und der Name wird dann mit Nummern (zum Beispiel *143_Stellplatz_bearbeiten*) oder mit Präfixen[13] versehen, die zeigen, zu welchem Themenkreis ein Use Case gehört (zum Beispiel *Produkt_Stammdaten_pflegen*).

Das *Ziel* beschreibt, was mit dem Use Case erreicht werden soll. In einem Satz wird der Zweck knapp und präzise formuliert.

Die Beschreibung des *Ablaufs* ist der Hauptteil! Hier wird dargestellt, was die Funktionalität beinhaltet und wie sie abläuft. Dabei sollst du den Ablauf möglichst strukturiert, also mit Spiegelstrichen oder nummeriert und mit Verzweigungen („wenn ... dann") erläutern. Den Hauptteil präzise und verständlich zu beschreiben, ist eine Kunst. Wenn es dir gelingt, kann das ein enormer Pluspunkt für das Projekt sein – denn dann wissen alle Beteiligten, was wirklich im System passieren soll. In Abb. 2.12 siehst du auch, wie die Pfeile, die im Diagramm zu sehen sind, sich in der Beschreibung wieder finden lassen. Es wird genau gesagt, unter welchen Umständen der beschriebene Use Case durch den Use Case *Kunden anlegen* erweitert wird. Wichtig ist, dass der Use Case, der eingebunden

---

[13] Präfix = vorangestelltes Kürzel oder Wort.

wird, auch ausdrücklich benannt wird! Nur so kann das Use Case-Diagramm vollständig verstanden werden.

Es ist sinnvoll, hier den normalen Ablauf zu beschreiben. Verzettele dich – besonders bei den ersten Entwürfen – nicht in winzigen Details und Sonderfragen! Neulich fragte jemand: „Wie soll ich denn nach dem dänischen Kunden Sørensen suchen? Es gibt doch gar kein ‚ø' auf meiner Tastatur." Dies ist ein gutes Beispiel für eine Spezialfrage, deren Beantwortung den roten Faden in der Ablaufbeschreibung unübersichtlich machen würde. Darum soll sie hier nicht behandelt werden.

Die *Vorbedingung* gibt an, welche Voraussetzungen gegeben sein müssen, damit die Funktionalität des Use Cases überhaupt ausführbar ist. Die Vorbedingung ist die Eintrittskarte für den Use Case. In unserem Beispiel haben die Modellierer keine Vorbedingung formuliert: Ein Kunde kann also immer ausgewählt werden. Im Beispiel sollte es aber eine Vorbedingung im Use Case *Freien Stellplatz suchen* (siehe Abb. 2.11) geben. Denn vorher muss der Zeitraum, an dem ein Stellplatz frei sein soll, festgelegt worden sein. Sonst hat die Suche keinen Sinn! Also lautet die Vorbedingung: „Ein Zeitraum ist definiert."

Hintergrundinformation
Ein gutes Beispiel für eine Vorbedingung findest du auch, wenn du in deinem Lieblings-Textverarbeitungsprogramm den Use Case *Datei speichern unter* ausführen möchtest. Diese Funktionalität steht dir nur zur Verfügung, wenn eine Datei geöffnet ist. Wenn keine Datei geöffnet ist, ist der entsprechende Menüpunkt nicht anwählbar. Du kannst die Funktion nicht ausführen. Die Eintrittskarte für *Datei speichern unter* ist eine geöffnete Datei! In der Beschreibung des Use Cases *Datei speichern unter* steht deshalb als Vorbedingung. „Eine Datei ist geöffnet." Probier das mal aus.

Das *Ergebnis* sagt aus, wie sich die Welt im IT-System verändert hat, wenn der Use Case erfolgreich ausgeführt wurde. Ergebnis und Ziel sind sich darum ähnlich. Während das Ziel die Absicht beschreibt, was fachlich mit dem Use Case erreicht werden soll, erfasst das Ergebnis die tatsächliche Änderung im IT-System, zum Beispiel: Was wurde wo gespeichert? Welcher Zustand hat sich wie geändert? Das Ergebnis bezieht sich immer auf das IT-System. Ein Ergebnis „Kunde ist zufrieden, weil die Reservierung erfolgt ist" ist daher nicht sinnvoll (wenn auch im wirklichen Leben sehr wichtig!). Ein Ergebnis sollte – übrigens genauso wie die Vorbedingung – vom IT-System überprüfbar sein. Ob ein Kunde gespeichert wurde, ist überprüfbar – ob der Kunde zufrieden ist, ist vom IT-System nicht überprüfbar.

▶ Wenn du kein Ergebnis formulieren kannst, bewirkt der Use Case nichts. Das ist oft ein Indiz für seine Überflüssigkeit.

Der Eintrag *Alternativen* in der Use-Case-Beschreibung ist ein Joker. Du kannst ihn für zwei Dinge benutzen:

1. Beschreibung von Sonderfällen
   Du kannst beschreiben, was in Sonderfällen geschehen soll. Wenn beispielsweise der Use Case *Datei speichern unter* daran zu scheitern droht, weil die Festplatte voll ist.

Dieses Problem muss selbstverständlich behandelt werden – aber wenn du es im Ablauf beschreibst, könnte der rote Faden verloren gehen.
2. Sammelstelle für vorläufige Fragen
Ein Use Case fällt nicht fertig vom Himmel. Es dauert mehrere (Workshop-)Runden, bis er ausgereift ist. In dieser Zeit fallen viele Fragen an, die man nicht vergessen, aber im Moment auch nicht behandeln möchte. Also schreibst du diese Frage in die Alternativen. Im Beispiel (Abb. 2.12) siehst du eine solche Frage. Auch die Frage nach dem dänischen Buchstaben „ø" könntest du hier aufnehmen.

In den Alternativen brauchst du nicht mehr abzufangen, was du bereits mit der Angabe von Vorbedingungen erledigt hast: In *Freien Stellplatz suchen* brauchst du unter den Alternativen nicht mehr erörtern, was passieren soll, wenn kein Zeitraum für die Suche angegeben wurde. Das hast du bereits als Vorbedingung formuliert, um den Use Case überhaupt ausführen zu können.

Alle Aspekte, die in den Alternativen aufgeführt werden, müssen im Verlauf des Projektes bearbeitet und erledigt werden. Am Ende des Projektes sollte es keine Alternativen in den Use Cases mehr geben[14].

Die Struktur einer Use Case-Beschreibung wird von der UML nicht vorgeschrieben. Es gibt keinen Standard. Wir haben hier als Minimalanforderung die wichtigsten und gängigsten Einträge vorgestellt. In den Projekten gibt es häufig weitere Einträge. Zum Beispiel kann eine Nummer ergänzt werden oder die Akteure, welche den Use Case benutzen. Oft enthalten Use Cases auch Metainformationen[15]: Die Autorin der Beschreibung, das Datum, die Verantwortlichkeit für die Umsetzung usw.

Use Cases beschreiben bekanntlich ein Stück gekapselte Systemfunktionalität. Bei der Beschreibung dieser Funktionalität weißt du im Vorhinein nicht, wer diese Funktionalität alles nutzen wird. Deshalb soll auch die Beschreibung so sein, dass sie ohne einen äußeren Zusammenhang modelliert wird. *Datei öffnen* sollte so beschrieben werden, dass es egal ist, welches Programm diesen Use Case benutzt. Du konzentrierst dich ganz auf die Beschreibung der Funktionalität, die dieser Use Case der großen weiten Welt bereitstellt. Diesen Tipp kannst du auch so formulieren: „Use Cases sollen ohne Bezug zum Kontext modelliert werden."

Du solltest noch weitere Bezeichnungen für die vorgestellten Einträge kennen – oft findest du auch englischsprachige Varianten. Sie sind in Abb. 2.13 zu sehen.

---

[14] Ein Korrekturleser bemerkte hier: „Ja, wo sind sie denn hin? Die Use Cases sind fetter geworden und die Merklisten in den Alternativen immer kleiner. Oder?" Er hat Recht!
[15] Metainformationen sind Informationen über andere Informationen, also hier Informationen über den Use Case als solchen – es sind keine inhaltlichen Aussagen.

2.4 Use Case-Diagramm

Name		Name
Ziel	Zweck Kurzbeschreibung	Objective
Ablauf	Beschreibung	Description, Main Course
Vorbedingung	Voraussetzung	Precondition
Ergebnis	Nachbedingung	Postcondition
Alternativen	Ausnahme	alternate Course, Exception

Abb. 2.13 Andere Namen für Use Case-Einträge

2.4.3 Erstellung eines Use Case-Diagramms

Du kannst ein Use Case-Diagramm in drei Schritten erstellen:

1. Use Cases entdecken,
2. Use Cases systematisch beschreiben,
3. Use Case-Diagramm entwerfen.

Diese Schritte machst du in aller Regel nicht einmal, sondern du durchläufst sie mehrmals, bis du die richtige Genauigkeit erreicht hast. Oft werden diese Schritte auch im Team durchgeführt. Beispielsweise werden erste Ideen im Workshop gesammelt, und dann wird vereinbart, dass einzelne Teammitglieder das Arbeitsergebnis verfeinern, indem sie die Beschreibungen entwerfen. Diese Entwürfe werden zusammengebracht und durch die kritische Mangel gedreht usw. usf. Doch zunächst stellen wir die oben genannten drei Schritte näher vor.

„Use Cases entdecken" bedeutet, in einer ersten Skizze deutlich zu machen, welche Funktionalität das IT-System braucht und wie diese Funktionalität in sinnvolle Häppchen (also Use Cases) geschnitten werden kann. Durch die Namen der Use Cases wird dabei klar, was der Use Case ungefähr leisten soll. Damit das etwas verständlicher wird, können auch *Essenzen*[16] der Use Cases notiert werden. Die Essenz könnte zum Beispiel darin bestehen, dass neben dem Namen das Ziel oder eine Kurzbeschreibung des Ablaufs aufgeschrieben wird.

Eine Frage, die sich dir stellen wird, lautet: „Was ist eine sinnvolle Größe für Use Cases? Wie viel Funktionalität soll ich zu einem Use Case zusammenfassen?" Eine erste Faustregel dazu kann sein: Was du vor deinem geistigen Auge auf einer Bildschirmmaske oder in einem Windows-Fenster unterbringen würdest, gehört in einen Use Case. Das trifft für die bekannten Beispiele, die wir genannt haben, zu: *Datei öffnen*, *Datei speichern unter*, *Symbol einfügen*, *Windows herunterfahren*. Und auch für die Beispiele vom Campingplatz kannst du dir das sicher vorstellen: *Kunden auswählen*, *Kunden anlegen* usw.

---

[16] Essenz = das Wesentliche, das Kernstück.

Eine zweite Faustregel lautet: Immer dann, wenn eine Funktionalität an mehr als einer Stelle im System benötigt wird, deutet das auf einen eigenen Use Case. Das Speichern einer Datei kommt eben öfter vor – da ist es sinnvoll, diese Funktion in einem separaten Use Case zu beschreiben.

Im zweiten Schritt werden die Use Cases gemäß der oben vorgestellten Struktur systematisch beschrieben. In der ersten Runde wird es viele offene Fragen geben – der Alternativen-Eintrag in der Tabelle ist prall gefüllt. Nach und nach wird das Bild des Systems jedoch immer klarer. Wichtige Dinge, die du bei der Beschreibung beachten solltest, haben wir im vorigen Abschn. 2.4.2 erläutert.

Die Use Cases werden im dritten Schritt zu Diagrammen zusammengefügt. Die Akteure und Beziehungen werden ergänzt. Oft geschieht ein erster Überblick über den Zusammenhang der Use Cases schon im ersten Schritt bei ihrer Entdeckung. Die UML schreibt nicht vor, wie Use Cases zu Use Case-Diagrammen zusammengefügt werden müssen. Es haben sich aber folgende zwei Sichtweisen bewährt:

1. Eine Möglichkeit besteht darin, alle Use Cases, die einem Akteur zur Verfügung stehen, zu einem Diagramm zusammen zu fassen (*Akteur-orientierte Sichtweise*). Dann kann der Akteur (als Fachexperte) sehen, welche Funktionen ihm zur Verfügung stehen, und entscheiden, ob die Funktionen ausreichend und gut sind. Zum Beispiel kann die Mitarbeiterin an der Rezeption auf einen Blick sehen, welche Funktionalitäten ihr das neue System bringen wird.
2. Die andere Möglichkeit besteht darin, alle Use Cases in einem Diagramm zusammen zu fassen, die zur Erledigung einer Aufgabe benötigt werden (*Prozessorientierte Sichtweise*). Der Vorteil dieser Gliederung besteht darin, dass leicht überprüft werden kann, ob zur Erledigung dieser Aufgabe die optimale Systemunterstützung gefunden wurde. Zum Beispiel ist schnell zu prüfen, ob mit den Use Cases des Diagramms alle Aufgaben bei der Reservierung bearbeitet werden können.

Noch zwei Dinge sind für den Entwurf der Use Case-Diagramme gut zu wissen:

- Selten wird die gesamte Funktionalität in einem einzigen Diagramm dargestellt. Vielmehr soll die Funktionalität gerade in Portionen dargestellt werden, damit das Verständnis steigt. Ein Use Case-Diagramm zeigt daher in der Regel einen Ausschnitt der Gesamtfunktionalität eines IT-Systems.
- Ein und derselbe Use Case kann in mehreren Diagrammen vorkommen. Logisch, denn *Kunden anlegen* wird vielleicht noch in anderen Zusammenhängen als der Reservierung benötigt. Zum Beispiel könnte es ein Use Case-Diagramm geben, das alle Use Cases zur Pflege der Kundendaten enthält. Dann wäre *Kunden anlegen* sicher wieder dabei!

2.4 Use Case-Diagramm

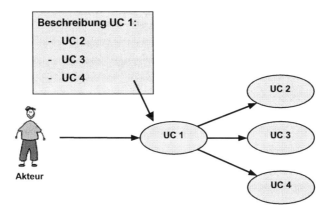

Abb. 2.14 Abfolge von Use Cases

Hintergrundinformation

In diesem Balkon widmen wir uns dem speziellen Thema der Abfolge von Use Cases, das recht häufig auftaucht.

Auf einem Use Case-Diagramm ist keine zeitliche Abfolge der Use Cases zu sehen – auch wenn das die Anordnung im Diagramm andeuten könnte (beispielsweise durch eine Abarbeitung von oben nach unten). Manchmal ist eine zeitliche Abfolge aber nötig. Du hast zwei elegante Möglichkeiten, das zu erreichen:

1. Du schreibst in die Vorbedingung des nachfolgenden Use Cases das Ergebnis des vorhergehenden Use Cases. Diese Technik wird angewendet, wenn in *Stellplatz suchen* als Vorbedingung „Ein Zeitraum ist definiert" eingetragen wird.
2. Du kannst vor die Use Cases, die hintereinander ablaufen sollen, einen neuen Use Case hängen und mit den anderen per include-Beziehung verbinden. Die einzige Aufgabe dieses Use Cases besteht darin, im Ablauf die anderen Use Cases nacheinander aufzurufen. In Abb. 2.14 sollen die Use Cases 2, 3 und 4 zeitlich hintereinander ablaufen. Also fügst du UC 1 davor und beschreibst in dessen Ablauf, dass die anderen verwendet werden sollen.

2.4.4 Use Cases im Prozess der Softwareentwicklung

In der Einleitung zum Abschn. 2.4 findest du den Satz: „Das Use Case-Diagramm hat eine zentrale Rolle im Prozess der Softwareentwicklung." Diesen Gedanken beleuchten wir näher und stellen dazu vier Thesen auf:

1. Use Cases beschreiben die Einbettung eines Systems in das Geschäft des Auftraggebers
   Use Cases zeigen, was das System leisten wird. Sie zeigen auch durch die Darstellung der Akteure, wer das System nutzen wird. Diese beiden Faktoren zusammen genommen geben ein klares Bild davon, wie und wo das System das Geschäft des Auftraggebers unterstützt. Du bekommst vielleicht einen Orden, wenn du die Einbettung

des Systems sehr präzise beschreibst. Dies geschieht durch die Zuordnung von Use Cases zu den Aktionen in Aktivitätsdiagrammen, die das Geschäft beschreiben. Zum Beispiel wird dokumentiert, dass die Use Cases *Kunden auswählen*, *Kunden anlegen*, *Zeitraum auswählen* und *Freien Stellplatz suchen* der Ausführung des Geschäftsprozesses *Buchung durchführen* (siehe Abb. 2.2) dienen.
2. Use Cases sind im Projekt das Bindeglied zwischen Geschäft und IT
Use Cases sind oft das Kommunikationsmittel Nummer eins zwischen Auftraggeber und Auftragnehmer. Use Cases enthalten einerseits natürliche (Geschäfts-)Sprache, sind andererseits auch leicht strukturiert-formal, so wie IT-ExpertInnen es lieben. Weil Auftraggeber und Auftragnehmer Use Cases verstehen, werden sie gerne im Pflichtenheft als fachliche Beschreibung des Systems verwendet.
3. Use Cases haben viele Querverbindungen zu den anderen Diagrammen
Zu Beginn des Kap. 2 haben wir erläutert, dass die einzelnen UML-Diagramme verschiedene Sichten auf ein IT-System ermöglichen. Darum muss das Projektteam bei der Modellierung sehr darauf achten, dass durch die unterschiedlichen Perspektiven keine Widersprüche oder Lücken entstehen. Zum Beispiel sollte es zu jeder eingehenden Information, die in einem Schnittstellendiagramm (siehe Abschn. 2.2) zu sehen ist, mindestens einen Use Case geben, der diese Information verarbeitet. Ähnliches gilt für die vom System abgehenden Informationen. In einem vorbildlichen Projekt wird extra Zeit eingeplant, um die einzelnen Diagramme gegeneinander zu prüfen – man sagt auch „zu verproben".
4. Use Cases begleiten den weiteren Entwicklungsprozess bis zur Realisierung
Use Cases werden in der Konzeptionsphase entworfen und begleiten den weiteren Entwicklungsprozess. Im Design werden sie verfeinert. Oft treten dann Fragen von IT-ExpertInnen auf, die bei der Umsetzung der Anforderungen auf die eine oder andere Detailfrage stoßen. Zum Beispiel: „Darf ein Kunde auch mehrere Stellplätze für den gleichen Zeitraum reservieren? Wenn ja, gibt es dann eine Höchstgrenze?" Nicht selten gliedern Use Cases auch das weitere Projekt, zum Beispiel, indem der Use Case *Kunden anlegen* einer Entwicklerin zur Programmierung übergeben wird.
Bei größeren Projekten ist es sinnvoll, die Verwaltung der Use Cases nicht von Hand, sondern mit Hilfe eines IT-Werkzeugs zu erledigen.

Es gibt eine sehr gute Nachricht zum Schluss des Abschnitts. Du brauchst dir keine Gedanken über eine mögliche Verwechslung mit anderen Diagrammen machen. Das Use Case-Diagramm ist konkurrenzlos! Wenn du eines erblickst, dann freue dich: Use Cases sind ein wirklich sehr gutes Werkzeug!

▶ Use Cases sind das Zentrum der UML. Sie beschreiben in strukturierter Form die Funktionalität eines IT-Systems.
Use Cases eignen sich sehr gut als Kommunikationsmedium zwischen Auftraggeberin und Auftragnehmerin.

2.5 Business Object Model

IT hat was mit dem wirklichen Leben zu tun! Wie eine Modelleisenbahn ein Abbild der wahren Eisenbahn ist, so ist das IT-System Abbild von Autos, Menschen oder Rechnungen – sie werden im IT-System sichtbar. Darum geht es in diesem Abschnitt.

Wenn ein IT-System entworfen wird, geht es um Abläufe und Funktionalitäten – das haben wir in den vorigen Abschnitten vorgestellt. Jetzt kommt eine neue Sichtweise hinzu. Es muss nämlich auch geklärt werden, welche wichtigen *Objekte* zu berücksichtigen sind. Objekte sind – sehr allgemein gesagt – Begriffe aus der Welt, die sich im IT-System widerspiegeln. Meistens werden Dinge, Rollen oder Ereignisse mit Hilfe von Objekten modelliert. Hier ein paar Beispiele für typische Objekte: *Kunde, Rechnung, Auftrag, Storno* und *Artikel*. Die Objekte und ihre Beziehungen untereinander werden in einem Diagramm dargestellt. Da wir in diesem Buch IT-Systeme aus der Geschäftswelt betrachten, nennen wir dieses Diagramm *Business Object Model* – kurz BOM. Im Deutschen wird diese Art von Modell auch *fachliches Objektmodell*, oder wörtlich übersetzt *Geschäftsobjektmodell*, genannt.

Mit der Diskussion über die Objekte bekommt der Auftragnehmer Klarheit über die wichtigen Begriffe in dem Geschäft des Auftraggebers. Es wird unmissverständlich beschrieben, welche Begriffe im Hinblick auf das IT-System wichtig sind und was genau man unter ihnen versteht. Beispielsweise benötigt der Besitzer eines DVD-Verleihs im Detail andere Informationen über seine Kunden als der Pächter eines Campingplatzes. Die Klärung des Begriffs *Kunde* ist folglich notwendig, wenn es ein IT-System für den DVD-Verleih oder den Campingplatz geben soll.

Das BOM hat noch einen weiteren Nutzen. In der späteren Programmierung finden sich die Objekte aus dem Modell wieder – wenn auch aus der IT-Sicht optimiert. Oft ist das BOM eine erste Grundlage für die Arbeit der ProgrammiererInnen. Du kannst auch erste Datenbankstrukturen aus dem BOM ableiten!

Wenn du in anderen Büchern oder im Internet zur UML liest, wirst du das BOM nicht finden. Du findest aber das *Klassendiagramm* als ein UML-Diagramm, das in der Modellierung von IT-Systemen ein sehr wichtiges Diagramm ist. Das BOM entspricht genau den Vereinbarungen zur Darstellung des UML-Klassendiagramms. Alles, was du hier über die Formalitäten von BOMs lernst, gilt auch für UML-Klassendiagramme. Genau genommen könnte das BOM also auch anders heißen: „Business Object Model in Form eines UML-Klassendiagramms" – aber das ist uns zu unhandlich!

2.5.1 Die Elemente des Business Object Model

Das in Abb. 2.15 dargestellte BOM könnte das Ergebnis eines Workshops sein, auf dem beraten wurde, welche Objekte das IT-System zur Campingplatzverwaltung enthalten muss. Wir nutzen das Diagramm, um die wichtigsten Notationselemente zu erläutern.

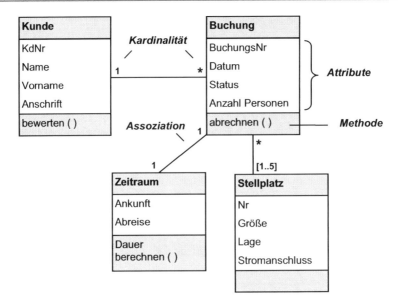

Abb. 2.15 Business Object Model Campingplatz

Abbildung 2.15 beschreibt im Überblick folgende Begriffe und Zusammenhänge: Im Zentrum steht die Buchung. Eine Buchung gehört stets zu einem Kunden, der durch seinen vollen Namen, eine Kundennummer und die Anschrift gekennzeichnet ist. Zu einer Buchung muss immer ein Zeitraum angegeben werden, zu dem der Besuch auf dem Campingplatz stattfindet. Eine Buchung kann sich auf bis zu fünf Stellplätze (= Platz auf dem ein Zelt aufgebaut wird) beziehen. Stellplätze haben eine Nummer und eine Größe. Sie sind außerdem durch ihre Lage und dadurch gekennzeichnet, ob sie einen Stromanschluss haben. Bei einer Buchung werden auch das Buchungsdatum, eine Buchungsnummer, ein Status sowie die Anzahl der anreisenden Personen vermerkt[17].

Zunächst sind auf dem Diagramm die vier Objekte *Kunde*, *Buchung*, *Stellplatz* und *Zeitraum* zu sehen.

Jedes Objekt ist als ein Rechteck dargestellt. Es ist dreigeteilt in einen Bereich für den Namen, einen Bereich für Attribute und einen Bereich für Methoden.

Ein Objekt hat immer einen *Namen*, der eindeutig ist und benennt, worum es geht. Der Name, zum Beispiel *Buchung* oder *Kunde*, steht im oberen Bereich des Objektes.

---

[17] Kinder zahlen hoffentlich weniger – das ist hier noch nicht berücksichtigt!

2.5 Business Object Model

Ein Objekt hat normalerweise *Attribute*. Attribute sind die Eigenschaften des Begriffs, der modelliert wird. Im BOM in Abb. 2.15 ist ein *Kunde* zunächst sehr grob durch die Attribute *KdNr* (für Kundennummer), *Name*, *Vorname* und *Anschrift* gekennzeichnet. Diese Informationen sollen im IT-System über jeden Kunden hinterlegt werden. Auch Detailinformationen werden im BOM vermerkt, zum Beispiel zur Frage: „Wie sieht eine Anschrift genau aus?"

Als drittes Element kann ein Objekt auch *Methoden* enthalten. Methoden beschreiben Fähigkeiten eines Objektes. Das Objekt *Buchung* hat beispielsweise die Fähigkeit, den Aufenthalt auf dem Campingplatz abzurechnen. Ein *Kunde* kann mit der Methode *bewerten()* in noch nicht näher beschriebener Weise bewertet werden. Die Methode *Dauer_berechnen()* des Objektes *Zeitraum* berechnet aus dem Datum der Anreise und Abreise die Dauer des Aufenthaltes. Methoden beinhalten also eine Art Funktion. Sie werden daher oft mit runden Klammern versehen – so wie du es aus der Mathematik kennst (zum Beispiel *sin()* als Kurzform für die Sinusfunktion).

Modellierungssprachen und Programmiersprachen, die mit Objekten hantieren, heißen *objektorientierte Sprachen*. Die UML ist eine objektorientierte Modellierungssprache.

▶ Ein Objekt beschreibt einen Begriff. Es hat immer einen Namen. Es hat fast immer Attribute und oft Methoden.

In Erklärungen zur Objektorientierung kannst du auch sinngemäß folgende Formulierung finden:

▶ Attribute beschreiben das Wissen eines Objektes, Methoden das Können eines Objektes.

Wenn dir das zu kompliziert erscheint, denke an ein einfaches Objekt, zum Beispiel an eine Rechnung. Zum Wissen der Rechnung gehören ihr Betrag und ihr Datum. Ihr Können liegt vielleicht im Drucken oder in der Rabattberechnung. Oder an ein Auto. Zum Wissen gehört das Kennzeichen und die Motorleistung. Zum Können die Berechnung der Tageskilometer.

Die Verbindungen der Objekte heißen *Assoziationen*. Sie bringen zum Ausdruck, dass die verbundenen Objekte etwas miteinander zu tun haben. Die kleinen Zahlen an den Assoziationen heißen *Kardinalitäten*[18]. Sie geben an, in welcher Häufigkeit die Objekte

---

[18] Die Kardinalität beschreibt in der Mathematik die Mächtigkeit einer Menge. Sie beantwortet die Frage: „Wie viele sind es denn?"

an der Assoziation beteiligt sind. Die kleine „1", die an der Assoziation zwischen *Kunde* und *Buchung* steht, bedeutet zum Beispiel: „Jede einzelne Buchung bezieht sich auf genau einen Kunden." Logisch, denn es sollte keine Buchung geben, bei der nicht eindeutig ist, welcher Kunde die Buchung getätigt hat! Es stehen aber nicht nur Zahlen, sondern auch noch andere Zeichen an den Assoziationen. Hier die Auflistung, was die Zeichen bedeuten[19]:

n   genau n,
n .. m   eine Zahl zwischen n und m,
n, m   entweder n oder m,
*   beliebig viele (ohne weitere Angabe inklusive der Null),
1   .. * beliebig viele, mindestens Eins.

An den Beispielen aus Abb. 2.15 kannst du lernen, wie die Zahlen zu lesen sind. Die Kardinalitäten in diesem BOM bedeuten:

- Jede Buchung bezieht sich auf genau einen Kunden. Ein Kunde kann beliebig viele Buchungen tätigen.
- Zu jeder Buchung gehört genau ein Zeitraum. Jeder Zeitraum gehört zu genau einer Buchung.
- Zu einer Buchung können eins bis fünf Stellplätze gehören (man kann also maximal fünf Stellplätze gleichzeitig buchen). Jeder Stellplatz kann in beliebig vielen Buchungen vorkommen.

Wenn du selbst einmal Kardinalitäten festlegen musst, kann dir die Überlegung helfen, wie sich die Objekte in der realen Welt darstellen. Wie viele Bestellvorgänge gehören zu einem einzelnen Kunden?

Manchmal soll die Bedeutung der Assoziation genauer beschrieben werden. Darum können Assoziationen Namen und die an der Assoziation beteiligten Objekte Rollenbezeichnungen bekommen. Beispielsweise kann ein Fußball-Profi sehr vielfältige Beziehungen zu seinem Verein haben. Er könnte schon seit seiner Kindheit Fan des Vereins sein oder als Verteidiger in der ersten Mannschaft spielen. In Abb. 2.16 ist die rein formale Beziehung modelliert. Die kleinen Pfeile geben an, in welche Richtung die Namen der Assoziation zu lesen sind: „Der Spieler arbeitet für den Verein." und „Der Verein beschäftigt den Spieler." Du siehst auch die Rollen in dieser Beziehung: Der Verein ist *Arbeitgeber*, der Spieler ist *Arbeitnehmer*.

Übrigens kannst du aus dem Beispiel aus Abb. 2.16 noch etwas lernen: Objekte können auch als einfaches Rechteck, das nur den Namen enthält, gezeichnet werden. Das solltest du dann machen, wenn du noch nicht mehr über das Objekt weißt oder die Attribute und Methoden im Moment nebensächlich sind.

---

[19] Wie üblich stehen in der folgenden Auflistung n und m für beliebige natürliche Zahlen!

2.5 Business Object Model

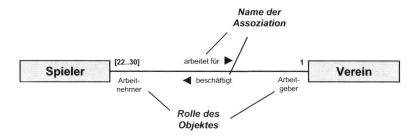

Abb. 2.16 Namen und Rollen an Assoziationen

Neben den bisher vorgestellten allgemeinen Assoziationen gibt es zwei besondere Assoziationen. Sie kommen so häufig vor, dass sie einen eigenen Namen und in der UML sogar ein eigenes Symbol bekommen haben: Die *Aggregation* und die *Komposition*.

Eine Aggregation[20] beschreibt eine „hat-Teil"-Assoziation. Du kannst zum Beispiel sagen: „Ein Auto hat vier Räder." Ein Begriff wird mit einer Aggregation in seine Bestandteile zerlegt. Das Symbol für eine Aggregation ist eine Raute an dem Objekt, welches den übergeordneten Begriff bedeutet (siehe Abb. 2.17).

Noch stärker als die Aggregation bindet die Komposition[21] zwei Objekte aneinander. Sie wird durch eine ausgefüllte Raute dargestellt und sagt aus, dass ein Objekt ein existenzabhängiges Teil von einem anderen Objekt ist. Zum Beispiel gibt es ein Tischbein nur dann, wenn es auch einen Tisch gibt. Ohne den Tisch ist es nicht als solches erkennbar. Es ist dann nur ein Stück Holz. In Abb. 2.17 siehst du ein anderes Beispiel: Zu einem Kongress gehören Kongressteilnehmer. Ein Kongressteilnehmer kann aber nur existieren, wenn ein Kongress stattfindet. Ein Mensch wird ja erst zu einem Kongressteilnehmer, wenn es einen Kongress gibt. Und am Ende bedeutet das: In dem Moment, wenn der Kongress vorbei ist, ist auch der Mensch kein Kongressteilnehmer mehr. Man sagt deshalb: „Ein Kongressteilnehmer ist existenzabhängig vom Kongress."

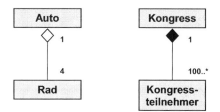

Abb. 2.17 Aggregation und Komposition

---

[20] Aggregation (lat.) = Anhäufung, Vereinigung.
[21] Komposition (lat.) = Zusammenstellung, Zusammensetzung.

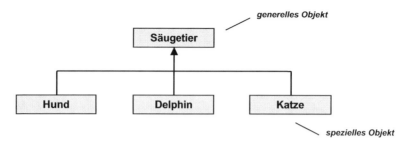

Abb. 2.18 Generalisierung – Spezialisierung

Es ist nicht leicht, sich zu merken, was Aggregation und was Komposition bedeutet. Vielleicht hilft dir eine Eselsbrücke zu unseren Beispielen:

- A wie Aggregation wie Auto,
- K wie Komposition wie Kongress.

Objekte können in einer weiteren besonderen Beziehung zueinander stehen, der *Generalisierung – Spezialisierung*. Diese Beziehung kennst du aus dem Alltag. Du weißt aus der Schule: „Ein Hund ist ein Säugetier.[22]" Auch Katzen und Delphine sind Säugetiere. Der generelle[23] Begriff ist also *Säugetier*, die speziellen[24] Begriffe sind *Hund*, *Katze* und *Delphin*. Abbildung 2.18 zeigt diesen Zusammenhang in UML-Schreibweise. Du kannst erkennen, dass es eine Pfeilspitze in Form eines Dreiecks an dem generellen Objekt gibt.

Das Besondere an der Generalisierung – Spezialisierung besteht darin, dass alles, was für das Generelle gilt, auch für das Spezielle gilt. Ein Säugetier säugt seine Jungen – diese Fähigkeit gilt auch für Hunde, Katzen und Delphine. Sonst wären sie keine Säugetiere. Hunde, Katzen und Delphine unterscheiden sich allerdings in anderen Eigenschaften und Fähigkeiten. Die Ausdrucksmöglichkeit für dieses besondere Verhältnis – gleichartig und doch unterschiedlich sein – ist in der Softwareentwicklung sehr hilfreich. Abbildung 2.19 zeigt ein Beispiel für eine Generalisierung – Spezialisierung in der Modellierung von IT-Systemen. Das kleine BOM sagt aus, dass es spezielle *Dokumente* gibt, nämlich eine *Rechnung*, ein *Angebot* und eine *Buchungsbestätigung*. Das, was diese Begriffe gemeinsam haben, wird in dem Objekt *Dokument* modelliert (zum Beispiel ein Attribut *Datum* oder eine Methode *drucken()*). Das, was die Begriffe unterscheidet, enthalten dann die jeweiligen speziellen Objekte (zum Beispiel Attribute wie *Rechnungsnummer* oder *Bestätigungstext*). Alle Attribute und Methoden des generellen Objektes stehen auch den speziellen Objekten zur Verfügung. Wenn es in *Dokument* eine Methode *archivieren()* gibt, dann können auch Angebote, Rechnungen und Buchungsbestätigungen archiviert

---

[22] Wegen dieser typischen Formulierung heißt die Beziehung manchmal auch „ist-ein"-Beziehung (oder „is-a-connection").
[23] Generell (lat.) = allgemein.
[24] Speziell (lat.) = besonders, eigentümlich, Gegensatz zu generell.

2.5 Business Object Model

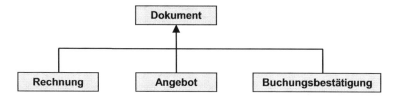

Abb. 2.19 Generalisierung – Spezialisierung im IT-System

werden. Auf diese Weise kannst du sehr elegant und platzsparend modellieren! Und die Programmiererin wird dir für deine Vorarbeit auch dankbar sein.

Die Idee der Generalisierung – Spezialisierung ist ein sehr bekanntes Konzept in der objektorientierten Softwareentwicklung und nicht nur in der UML bekannt. Das Prinzip wird auch *Vererbung* genannt. Man sagt dann, dass das generelle Objekt seine Attribute und Methoden an das spezielle Objekt vererbt.

2.5.2 Wie ein BOM entsteht

Vier Aufgaben müssen erledigt werden, um ein aufschlussreiches BOM zu erarbeiten:

1. Objekte entdecken,
2. Attribute und Methoden zuordnen,
3. Assoziationen festlegen,
4. Generalisierungen finden.

Diese Aufgaben im Rahmen der Erstellung eines Business Object Models bzw. BOMs stellen wir dir nun näher vor.

Zur ersten Aufgabe. Es ist gar nicht so einfach zu erkennen, welche Begriffe geeignet sind, in einem BOM als Objekte verewigt zu werden. Wichtige Hinweise bekommst du, wenn du andere Diagramme und fachliche Dokumente aus dem Projekt studierst. Die dort vorkommenden Substantive sind Kandidaten für BOM-Objekte. Wenn du zum Beispiel in einer Erläuterung eines Aktivitätsdiagramms den Satz findest: „Der Kunde erhält am Schluss die Rechnung." – dann sind die Substantive „Kunde" und „Rechnung" sicher gute Objekte und „Schluss" wohl eher nicht. Auch die Informationen, die im Schnittstellendiagramm zu sehen sind, solltest du unter die Lupe nehmen. Typischerweise sind einige BOM-Objekte darunter. Eine gute Einstiegsfrage zum Entdecken von Objekten ist auch: „Welche Begriffe aus dem Geschäftsleben sollten im IT-System wiederzufinden sein?"

Typischerweise werden zunächst nur die Namen der Objekte notiert. In einem Workshop werden vielleicht Kärtchen mit den Namen der Objekte an eine Pinwand geheftet. Wenn du alleine ein BOM entwirfst, kannst du das gut mit kleinen gelben Klebezetteln auf dem Schreibtisch machen!

Zur zweiten Aufgabe. Nun muss etwas mehr Fleisch an die Objekte. Man möchte ja nicht nur die Namen der Objekte wissen, sondern sie genauer kennen lernen. Das geschieht, indem jedes einzelne Objekt durch Attribute und Methoden vervollständigt wird. Sie beantworten wie du weißt die Frage: „Welche Eigenschaften und Fähigkeiten hat das Objekt?"

Mit der dritten Aufgabe wird dann erforscht, wie die Objekte zueinander stehen. Es werden also Assoziationen definiert. Dabei gilt: Zeichne nur so viele Assoziationen ein, wie unbedingt zum klaren Verständnis benötigt werden. Natürlich hat immer irgendwie alles mit allem zu tun. Aber ein BOM soll ja Klarheit über den Zusammenhang der Begriffe bringen. Viele Assoziationen verwischen die Information! Deshalb bedeuten wenige Assoziationen oft mehr Erkenntnisgewinn. Im BOM zur Campingplatzverwaltung (Abb. 2.15) könnte man ja auch argumentieren, dass es eine Assoziation zwischen *Kunde* und *Zeitraum* geben sollte, denn ein Kunde baut ja sein Zelt zu einer bestimmten Zeit auf. Das stimmt, ist aber im Hinblick auf das IT-System unwichtig. Dass zu der Buchung eines Kunden die Angabe des Zeitraums gehört, wird durch die Assoziation zwischen *Zeitraum* und *Buchung* ausgesagt. Die Verbindung geschieht also über das Objekt *Buchung*. Eine weitere Assoziation ist deshalb hier nicht nötig!

Zum Einzeichnen der Assoziationen gehört auch die Angabe der Kardinalitäten. Darin können sehr wichtige Entscheidungen verborgen liegen. Wenn einem Kunden mehrere Buchungen zugeordnet werden, kann das für das IT-System bedeuten, dass es eine Art Buchungshistorie („Welche Buchungen hatte Kunde Otto Meier bisher?") bereitstellen muss. Im Beispiel in Abb. 2.15 wird auch ausgesagt, dass eine Buchung mehrere Stellplätze umfassen kann!

Bei der Erledigung der vierten Aufgabe kannst du untersuchen, ob du einige Objekte zusammenfassen kannst, indem du ein gemeinsames generalisiertes Objekt definierst. Ein Beispiel für den Campingplatz könnte in Abb. 2.19 enthalten sein: Nachdem du in den ersten Schritten die *Rechnung*, das *Angebot* und die *Buchungsbestätigung* entdeckt hast, erkennst du in diesem vierten Schritt, dass diese Objekte vieles gemeinsam haben, und modellierst diese Gemeinsamkeiten im Objekt *Dokument*.

Wie schon bei anderen Diagrammen gilt auch hier wieder: Du wirst die Schritte nicht nur einmal durchlaufen. In jeder Runde wird das BOM sein Aussehen verändern, und erst nach mehreren Durchläufen (man sagt ja auch *Iterationen* dazu) wird das BOM stabil. Dann ist es allerdings eine sehr Gewinn bringende Perspektive!

2.5.3 Tipps und Tricks

Zum Thema BOM kannst du noch von ein paar Erfahrungen lernen.

Selten ist ein BOM in dem Sinne vollständig, dass alle Objekte in ein und demselben Diagramm verewigt sind. BOMs zeigen meistens nur Ausschnitte des IT-Systems, weil sie sonst sehr unübersichtlich werden würden.

Die Objekte sollten nur die wesentlichen fachlichen Attribute und Methoden enthalten. Selbstverständlichkeiten werden typischerweise nicht eingetragen. Zum Beispiel darfst du in den allermeisten Fällen davon ausgehen, dass ein Objekt *Kunde* angelegt, geändert und gelöscht werden kann. Entsprechende Methoden *anlegen()*, *ändern()* und *löschen()* werden darum nicht vermerkt.

Es gibt auch andere Ansätze, um darzustellen, welche Begriffe im IT-System abgebildet werden sollen. Ein berühmter anderer Ansatz sind die *Entity-Relationship-Diagramme* (ER-Diagramme)[25]. Sie sehen ähnlich aus und du solltest die Verwechselungsgefahr kennen.

Soweit das Wichtigste zum BOM. Wie für die anderen Diagramme gilt auch hier: Das Lesen des Diagramms wird dir bald gelingen, zum Erstellen musst du üben, üben, üben! Objekte begegnen dir täglich – Gelegenheit zum Üben gibt es also reichlich!

▶ In einem Business Object Model wird festgehalten, welche Begriffe aus dem Geschäftsleben im IT-System abgebildet werden.
Es ist dargestellt, welche Eigenschaften und Fähigkeiten die Begriffe haben und in welcher Beziehung sie zueinander stehen.

2.6 Zustandsdiagramm

Das *Zustandsdiagramm* zeigt Leben und Dynamik. Es zeigt die Zustände eines Objektes auf und dokumentiert, wie diese gewechselt werden. Gerne wird der *Zustand*, der übrigens lateinisch *Status* heißt, genutzt, um den Lebenslauf eines Objektes zu beschreiben.

Du hast den Zustand eines Objektes bereits im Abschn. 2.5.1 in Abb. 2.15 gesehen: Das Objekt *Buchung* besitzt ein Attribut *Status*. Damit wird zum Beispiel ausgedrückt, ob die Buchung schon bezahlt ist. Weitere Beispiele können die Bedeutung von Zuständen verdeutlichen:

- Ein Artikel in einer Netzeitung kann die Zustände *erstellt*, *durch Chefredakteur freigegeben*, *im Netz veröffentlicht* und *gelöscht* haben.
- Eine Rechnung kann die Zustände: *erstellt*, *versandt*, *angemahnt* und auch *bezahlt* haben.
- In einem Textverarbeitungsprogramm ist der Menüpunkt *Kopieren* entweder anwählbar oder nicht anwählbar.
- Eine Campingplatzparzelle könnte die Zustände *frei*, *reserviert* und *belegt* im Laufe ihrer Existenz viele Male durchlaufen. Vielleicht hat sie auch noch den Zustand *gesperrt*, um eine Sperrung des Platzes wegen Bauarbeiten oder aus anderen Gründen zu ermöglichen.
- Ein Buchstabe in einem Dokument kann zum Beispiel die Zustände *ohne Unterstreichung*, *einfache Unterstreichung* und *doppelte Unterstreichung* haben. Bei feinerer

---

[25] Entity (engl.) = Datensatz; Relationship (engl.) = Beziehung.

Betrachtung könnte es auch den Zustand *Schriftart Arial, Schriftgröße* 10*pt, Schriftschnitt Fett* geben.

Um von einem Zustand zum anderen zu kommen, passiert in der Regel etwas Interessantes, *Ereignis* genannt. Solche Ereignisse, die Zustandsübergänge auslösen, können zum Beispiel sein:

- Eine Chefredakteurin liest den Artikel eines Kollegen und stimmt dessen Veröffentlichung im Internet zu.
- Ein Kunde überweist den geforderten Rechnungsbetrag.
- Der Benutzer eines Textverarbeitungsprogramms markiert ein Wort in einem Text.
- Der Platzwart eines Campingplatzes schaut sich eine bestimmte Parzelle an, überprüft diese auf Hinterlassenschaften und Schäden und macht eine entsprechende Eingabe in ein Computerprogramm.
- Der Benutzer eines Textverarbeitungsprogramms markiert ein Zeichen und wählt ein neues Format aus.

Das Zustandsdiagramm veranschaulicht, wie Zustände und Ereignisse zusammenhängen. Es zeigt auch, welche Zustandsübergänge möglich bzw. erlaubt sind: Zum Beispiel kann eine Ampel nicht direkt von grün auf rot springen. Möglich ist jedoch ein Wechsel von rot auf gelb.

Als Campingplatzbetreiber interessiert dich, welches gute und welches weniger gute Kunden sind. Von dieser Einschätzung machst du abhängig, ob diese den Newsletter, Sonderkonditionen, Angebote für Wohnwagenwinterlager bekommen oder ob sie die Stellplätze mit der allerbesten Aussicht belegen dürfen. Dann kannst du das Zustandsdiagramm in Abb. 2.20 für das Objekt *Kunde* (siehe Abb. 2.15) definieren.

Das Beispiel in Abb. 2.20 sagt folgendes über das Objekt *Kunde*:

- Das Objekt *Kunde* hat ein Attribut *Status* (oder als Synonym: *Zustand*), das die verschiedenen dargestellten Zustände eines Kunden wie *Interessent*, *Reservierender*, *Neukunde* und *Stammkunde* abbildet.
- Zu einem Stammkunden des Campingplatzes wird ein Kunde relativ schnell: Nach zwei Bezahlvorgängen.
- Wenn jemand Stammkunde ist und nicht mehr den Campingplatz nutzt, dauert es ein paar Jahre, bis er nicht mehr als Kunde angesehen wird.
- Ereignisse können durch Personen ausgelöst werden. Dies ist zum Beispiel der Fall bei: Kunde bezahlt Rechnung. Ereignisse könnten darüber hinaus auch zeitgesteuert werden: Ein Zustandswechsel passiert zum Beispiel nach drei Jahren.
- Der Zustand eines Kunden hängt stark von dem Bezahlen der Rechnung ab: Wenn der Kunde Rechnungen bezahlt, rutscht er automatisch in seinem Zustand in Richtung Stammkunde.
- Das Zustandsdiagramm zeigt den Lebenszyklus des Kunden im System auf – nicht zu verwechseln mit dem Leben des Kunden in der realen Welt!

2.6 Zustandsdiagramm

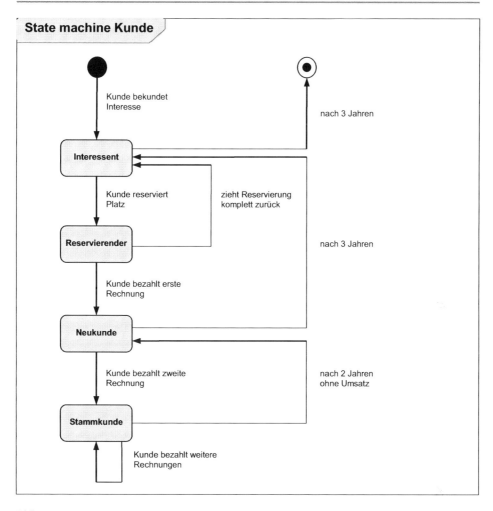

Abb. 2.20 Zustandsdiagramm Kunde

2.6.1 Notationselemente und Aufbau des Diagramms

Das Zustandsdiagramm beinhaltet die Zustände eines Objektes. Das gesamte Bild in Abb. 2.20 ist somit das Zustandsdiagramm Kunde. Oben steht daher die Art des Diagramms: state machine. Dies ist die englische Bezeichnung für diese Diagrammart. Zusätzlich wird noch das Objekt dargestellt, auf das sich das Zustandsdiagramm bezieht. Im vorliegenden Fall ist es ein Zustandsdiagramm für das Objekt Kunde. Präzise formuliert müsste es heißen: „Abbildung 2.20 zeigt ein Zustandsdiagramm des Objektes *Kunde*."

Die Zustände, wie zum Beispiel *Neukunde* in Abb. 2.20, werden eingerahmt durch ein Rechteck mit abgerundeten Ecken. Achte bei der Bezeichnung von Zuständen auf Allgemeinverständlichkeit. Ein Zustand *Kategorie 3* ist zum Beispiel viel unverständlicher als der Zustand *Stammkunde*.

Die Ereignisse verbinden die verschiedenen Zustände miteinander. Durch die Pfeilspitze wird angegeben, welche möglichen Folgezustände denkbar sind. Die Bezeichnung an der Kante ist das Ereignis.

Es gibt noch zwei besondere Sorten von Zuständen: Der Startzustand, dargestellt als ausgefüllter Kreis, zu dem man nie zurückkehrt, und den Endzustand, dargestellt als ausgefüllter Kreis mit Umrandung, von dem man nie wieder zurückkehrt.

Zustandsdiagramme können noch viel mehr Informationen aufnehmen. Das kannst du sehr gut in weitergehender Literatur (Oestereich 2006) studieren.

2.6.2 Worauf muss bei der Erstellung geachtet werden?

Ein Zustandsdiagramm lohnt sich nur für Objekte, bei denen es aufgrund von verschiedenen Zuständen und Ereignissen einen Klärungsbedarf gibt. Wenn Methodenaufrufe beliebig erfolgen können, so brauchst du kein Zustandsdiagramm anzufertigen. Dann sollte jedoch auch kein Zustandsattribut vergeben werden.

Manche Zustandsänderungen können länger dauern. Zum Beispiel braucht ein Garagentor etwas Zeit beim Aufgehen. Dann kann man über einen Zustand *aufgehend* nachdenken.

Zustandsdiagramme sind manchmal schwer zu verstehen. Die Zustandsbezeichnungen finden sich nicht immer im Alltag wieder und sie sind dennoch wichtig, um eine korrekte Steuerung bzw. Verarbeitung zu gewährleisten. Daher werden solche Diagramme sehr zielgerichtet eingesetzt, wenn die Situation es erfordert.

Zustandsdiagramme basieren auf einer elementaren Technik in der Informatik. Sie sind somit ein Klassiker, und du wirst der Idee von Zuständen und Ereignissen vielleicht noch häufiger begegnen.

▶   Ein Zustandsdiagramm zeigt anhand von Zuständen den Lebenslauf eines Objektes.
Zustandsübergänge werden von Ereignissen ausgelöst.

2.7 Objekt Sequenz-Diagramm

Nach einigen Vielzweck-Werkzeugen stellen wir nun eher ein Spezialwerkzeug vor. Es ist nur mit Intuition kaum zu bedienen und eignet sich deshalb vor allem für Eingeweihte!

Ein *Objekt Sequenz-Diagramm (OSD)*[26] zeigt Abläufe in einem IT-System entlang der Zeitachse. Es gehört zu den dynamischen UML-Interaktionsdiagrammen und zeigt die Wechselbeziehung von Objekten bei der Erledigung einer Aufgabe. Es stellt dar, wie die Objekte miteinander sprechen und welche Informationen sie dabei austauschen. Mit dem OSD zoomen wir also in das IT-System hinein – jedenfalls wird das Diagramm meistens dazu verwendet. Das Diagramm spielt vor allem im Design und in der Realisierung eine Rolle, denn es eignet sich gut dazu, ins Detail zu gehen.

In diesem Abschnitt geht es uns um eine kurze Einführung und eine sinnvolle einfache Anwendung des Werkzeugs! Du lernst nicht, ein kompliziertes OSD mit allen Finessen zu erzeugen – das ist eine Disziplin für erfahrene UML-AnwenderInnen.

---

[26] Die englische Bezeichnung *Object Sequence Diagram* führt zur selben Abkürzung!

2.7.1 Notationselemente des OSD

In Abb. 2.21 siehst du ein OSD. Es erläutert, wie die Methode *abrechnen()* des Objektes *Buchung* im IT-System für unseren Campingplatz funktionieren soll – das Objekt und die Methode kennst du schon aus Abb. 2.15. Der zeitliche Verlauf ist von oben nach unten zu lesen. Zuerst werden die Kundendaten gelesen, dann die Aufenthaltsdauer abgefragt und schließlich die Rechnung erstellt. Auf den ersten Blick ist auch die Systemgrenze zu sehen – im OSD als senkrechte Linie markiert. Links davon steht als Text, was passieren soll; rechts der Systemgrenze sind die Objekte aktiv. In den Rechtecken sind die Objekte dargestellt, die an der Erledigung der Aufgabe (hier also: Eine Buchung abrechnen) beteiligt sind. Die meisten Objekte siehst du im oberen Teil des Diagramms. Die Pfeile stehen für Nachrichten, welche die Objekte dabei austauschen. Zum Beispiel ruft das Objekt *Buchung* dem Objekt *Zeitraum* zu: „Sag' mir mal, wie lange der Kunde da war!" Dazu ruft es die Methode *Dauer_berechnen()* von *Zeitraum* auf und bekommt als Antwort die Anzahl

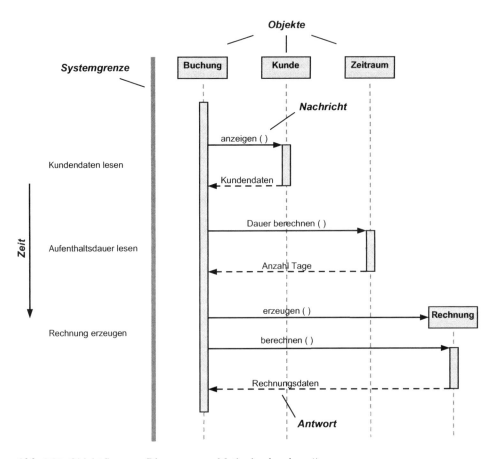

Abb. 2.21 Objekt Sequenz-Diagramm zur Methode *abrechnen()*

2.7 Objekt Sequenz-Diagramm

der Tage des Aufenthalts. Eine solche Aktivität eines Objektes wird durch ein senkrechtes Rechteck angedeutet. Manchmal werden Objekte erst durch andere Objekte erzeugt – wie zum Beispiel die Rechnung. Sie erblickt das Licht der Welt erst, nachdem die Buchung sie erzeugt hat.

2.7.2 Das einfachste OSD

In einem OSD werden Objekte dargestellt. Es ist aber nicht festgelegt, welche Objekte enthalten sind. Oft siehst du dort die Objekte, die du auch aus dem Business Object Model kennst. In späteren Phasen sind vielleicht einzelne Komponenten aus der Softwarearchitektur dargestellt, wie zum Beispiel eine Komponente *Auftragsabwicklung*. Aber das muss nicht so sein. Es können beliebige Objekte dargestellt werden. Dieser Gedanke führt zu der Idee, das IT-System insgesamt als einziges Objekt im OSD anzusehen. Dann sind die Nachrichten im OSD die Eingaben, die eine Benutzerin des Systems eingibt und die Antworten die Reaktionen des Systems. Abbildung 2.22 zeigt ein solches OSD. Die Benutzerin selbst siehst du übrigens nicht – im Unterschied zum Use Case-Diagramm.

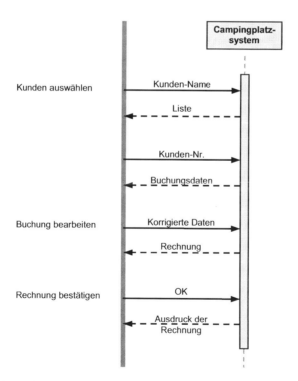

Abb. 2.22 Einfachstes Objekt Sequenz-Diagramm

Dieses OSD beschreibt in formalisierter Art und Weise folgende Sequenz[27] von Eingaben und Systemantworten bei der Erstellung einer Rechnung:

- Zunächst muss ein Kunde ausgewählt werden. Dazu wird ein Kundenname eingegeben. Das System liefert eine Liste aller zur Eingabe passenden Kunden. Dann wählt die Benutzerin einen Kunden aus dieser Liste aus und gibt die Kundennummer an das System (üblicherweise per Klick – dieses Detail ist aber in der Abbildung nicht zu sehen). Das System stellt nun die Buchungsdaten dar.
- Die Benutzerin hat nun die Möglichkeit, die Buchung zu bearbeiten, beispielsweise Rabatte für Stammkunden einzutragen. Nachdem die korrigierten Buchungsdaten ans System überstellt sind, stellt das System die Rechnung dar.
- Im letzten Schritt muss die Rechnung bestätigt werden[28] und das System sorgt für den Ausdruck.

Diese einfachste Form des Objekt Sequenz-Diagramms eignet sich sehr gut, um zwischen Kunden und Auftraggeber die Frage zu klären: „Wie soll die Aufgabe XYZ nun genau ablaufen?" Wenn du die Methode erstmals einsetzt, wirst du dich wundern, wie lebhaft die Diskussion bei dieser einfachen Frage wird!

Du kannst OSDs auch verwenden, um den Ablauf eines Use Cases (siehe Abschn. 2.4.2) grafisch zu beschreiben! Zur Darstellung eines längeren Prozesses, der über mehrere Use Cases hinweg nacheinander abgewickelt wird, sind OSDs ebenfalls geeignet.

Es gibt auch sehr komplizierte OSDs, insbesondere in der Design- und der Realisierungsphase. Das kannst du erahnen, wenn zum Beispiel fünf Objekte mit je zehn Methoden miteinander kommunizieren sollen. Da raucht das Hirn der Programmiererin!

Soviel zum Objekt Sequenz-Diagramm – dem komplizierten Diagramm, das in seiner einfachsten Form ein Wundermittel sein kann.

▶ Ein Objekt Sequenz-Diagramm beschreibt das Zusammenwirken von Objekten bei der Erledigung einer Aufgabe.
In seiner einfachsten Form stellt es dar, wie ein Benutzer mit einem IT-System arbeitet.

2.8 Wie passt das alles zusammen?

Jede der vorgestellten Methoden ist sinnvoll. Entscheide stets, welches Teil aus der Werkzeugkiste du in der jeweiligen Situation am besten gebrauchen kannst.

---

[27] Sequenz (lat.) = (Aufeinander-)Folge.
[28] Im wirklichen Leben würde hier wohl eine Möglichkeit zur Korrektur der dargestellten Rechnung eingebaut – aber das lassen wir wegen der besseren Übersichtlichkeit mal außen vor.

2.8 Wie passt das alles zusammen?

Allerdings sind die Methoden so zusammengestellt, dass sie im Zusammenspiel ihre volle Blüte entfalten. Denn dann zeigt sich, dass sie optimal aufeinander abgestimmt sind. Es gibt dabei keinen Bruch in der Methodik. Das heißt, dass die Ergebnisse einer Phase (zum Beispiel der Konzeption) direkt in der nächsten Phase (im Beispiel: Design) verwendet und weiterentwickelt werden können. Es ist daher nicht nötig, dass ein Mensch erarbeitete Ergebnisse in einen anderen Formalismus überführen muss, um damit weiterarbeiten zu können.

Konkret bedeutet das im Idealfall beispielsweise: Das zu untersuchende Geschäft wird mit einem Schnittstellendiagramm eingegrenzt, welches eine Basis für das Prozesshierarchiediagramm bildet. Die interessanten Geschäftsprozesse, die in dem Prozesshierarchiediagramm enthalten sind, werden durch Aktivitätsdiagramme genauer beschrieben. Den Aktionen der Aktivitätsdiagramme werden Use Cases zugeordnet, die je Aktion in Use Case-Diagrammen zusammengefasst werden. Die Beschreibungen der Geschäftsprozesse und der Use Cases sind eine wichtige Grundlage für das Business Object Model. Die Use Cases werden mit Hilfe von Objekt Sequenz-Diagrammen in konkrete Abläufe in einem IT-System umgesetzt. Ein Zustandsdiagramm hilft, die Objekte des Business Object Models besser zu verstehen, insbesondere, wenn die Objekte mit einem Status versehen sind. Jeder kann sehen: Die verschiedenen Methoden greifen ineinander. Abbildung 2.23

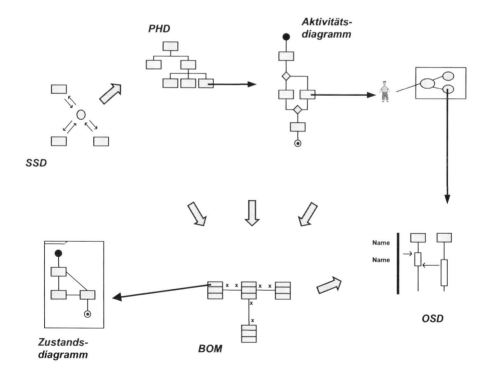

Abb. 2.23 Zusammenspiel der Methoden

verdeutlicht diesen Zusammenhang. Ganz selten braucht man jedoch alle Methoden von Anfang bis Ende; nimm immer nur die Methoden, die dir weiterhelfen!

Wenn du mehrere Methoden verwendest, die sich aufeinander beziehen, musst du einige Dinge besonders beachten, wie die beiden folgenden Beispiele veranschaulichen:

- Eine weitverbreitete Gefahr ist das Namens Chaos: Du nennst in einem Objektmodell ein Objekt *Auto*. Dieses Objekt taucht auch in einem Sequenzdiagramm auf – dort heißt es aber leider *PKW* oder *KFZ*. Für dich als Erfinder beider Diagramme keine Hürde. Für andere unter Umständen ein großes Problem, denn sie wissen nicht, dass ein und dasselbe Objekt gemeint ist. Merke dir also folgende Regel: Namensgebung in allen Diagrammen durchhalten. Wenn du den Namen eines Objektes (oder einer Methode oder eines Use Cases oder ...) in einem Diagramm änderst, darfst du nicht vergessen, ihn in allen anderen Diagrammen und Beschreibungen auch zu ändern. Wenn du ein gutes CASE[29]-Tool zur Modellierung verwendest, achtet dies in der Regel darauf.
- Wenn in einem Use Case Funktionalitäten des Systems beschrieben werden, tauchen diese oft auch im BOM auf. Beispiel: In der Use Case-Beschreibung steht: „Dem Benutzer werden nach Eingabe eines Zeitraums die freien Stellplätze angezeigt." So kann es gute Gründe geben, dass im Objekt *Buchung* die Methode *Freie_Stellplätze_anzeigen()* auftaucht. Allgemein gesprochen musst du also auf Vollständigkeit und Widerspruchsfreiheit der Diagramme insgesamt achten.

Wir weisen an dieser Stelle aufgrund der Bedeutung noch einmal auf eine Herausforderung hin. Es geht um die Granularität, also die Feinkörnigkeit der Diagramme. Zum Beispiel um deine Überlegung, ob *Dokument archivieren* ein eigener Use Case ist, oder ob diese Funktionalität besser als Bestandteil eines Use Cases *Dokument verwalten* definiert wird. Wir haben das schon speziell für einige Methoden angesprochen. Nun wollen wir diesen Aspekt im Allgemeinen erörtern.

Wie kannst du besser über die schwierige Frage der Granularität entscheiden?

- Wenn die Anzahl der Diagramme unübersichtlich wird, solltest du gröber werden und mit Verfeinerungen arbeiten.
- Auch ein einzelnes Diagramm sollte für sich betrachtet übersichtlich bleiben – denn sonst wird sein Sinn auf den Kopf gestellt. Ein unübersichtliches Diagramm verwirrt, anstatt Klarheit zu schaffen. Du solltest wissen, dass AnfängerInnen dazu neigen, zu fein zu modellieren, was oft zu Unübersichtlichkeit führt.
- Manchmal gelingt wortwörtlich über Nacht ein besseres Diagramm. Schließe abends alle Zeichnungen und beginne mit der Überarbeitung am nächsten Morgen.

Immer ist ein Gespräch mit Fachexperten oder einer erfahrenen Modelliererin hilfreich! Und trotzdem bleibt es bei folgender Beobachtung:

---

[29] CASE – Computer Aided Software Engineering (engl.) = Computer gestützte Softwareentwicklung.

2.8 Wie passt das alles zusammen?

▶ Über die Granularität eines Diagramms zu entscheiden ist eine Kunst.

Auch wenn du die Diagramme in voller Schönheit und in perfektem Zusammenspiel einsetzt, kannst du nicht alle Anforderungen an das IT-System abbilden. Es bleiben die nicht-funktionalen Anforderungen. Also diejenigen, die zwar keine Funktionalität des Systems formulieren, aber dennoch sehr wichtig sind. Nicht-funktionale Anforderungen sind zum Beispiel Anforderungen an die Benutzerfreundlichkeit, an Reaktionszeiten oder an das Datenaufkommen (denn es ist ja – wie bereits erwähnt – ein großer Unterschied, ob ein System zum Beispiel 1000 oder 2 Millionen Aufträge verwalten soll.)

2.9 Zusammenfassung

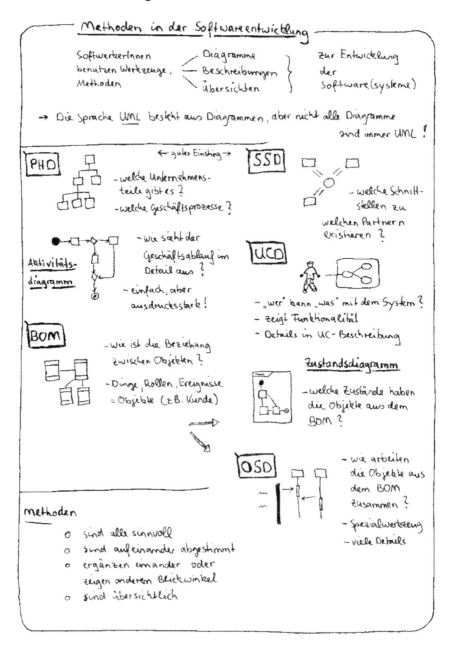

2.10 Übungen

1. Was sind Methoden in der Softwareentwicklung? Erläutere auch drei Beispiele!
2. Stelle in einem Satz vor, wozu die folgenden Modell dienen:
   - Prozesshierarchiediagramm – PHD,
   - Schnittstellendiagramm – SSD,
   - Aktivitätsdiagramm – AD,
   - Use Case Diagramm – UCD,
   - Business Object Model – BOM,
   - Zustandsdiagramm,
   - Objekt Sequenz Diagramm – OSD.
3. Warum benutzt man verschiedene Diagramme, um ein- und dasselbe System zu beschreiben?

Übungen zum Prozesshierarchiediagramm

4. Nenne mindestens drei Geschäftsprozesse für die Kundenbetreuung eines Campingplatzes.
5. Gibt es Geschäftsprozesse, die nicht von IT unterstützt werden? Erläutere am Beispiel!
6. Erstelle ein Prozesshierarchiediagramm von deiner Hochschule, Schule oder von deinem Betrieb. Ordne zirka fünf Geschäftsprozesse zu.
7. Erstelle ein Prozesshierarchiediagramm von einer Konzertagentur, die Künstler, Konzerthallen und ZuschauerInnen zu bestimmten Veranstaltungen zusammenbringt.
8. Erstelle ein Prozesshierarchiediagramm von einem Tierschutzverein, der Käfige und Ställe betreibt, aber auch kräftig die Werbetrommel rühren muss.

Übungen zum Schnittstellendiagramm

9. Welche beiden Sichten können in einem Schnittstellendiagramm (SSD) abgebildet werden?
10. Aus welchen Notationselementen besteht ein SSD?
11. Erstelle ein Schnittstellendiagramm über das Geschäft Supermarkt.
12. Erstelle ein Schnittstellendiagramm über ein Kassensystem im Supermarkt, welches durch die Kassiererin bedient wird. Aktuelle Preise werden von einem Zentralrechner „abgeholt".
13. Erstelle ein Schnittstellendiagramm für ein Kindergartenverwaltungsprogramm.

Übungen zum Aktivitätsdiagramm

14. Was kannst du mit einem Aktivitätsdiagramm (AD) beschreiben?
15. Erläutere sechs Notationselemente von Aktivitätsdiagrammen.

16. Kann man in einem AD auch Weiderholungen/Schleifen modellieren? Falls ja: erläutere an einem Beispiel!
17. Wie kann man Aktivitätsdiagramme in Bereiche aufteilen? Und was bedeuten diese Bereiche?
18. Kann man mit Hilfe von AD Parallelität modellieren? Falls ja: Wie?
19. Kann ein Objekt (aus dem Klassendiagramm; BOM) in einem AD auftauchen? Beispiel? Falls ja: Wie?
20. Erläutere die Beschreibung eines Geschäftsprozesses als Ergänzung zum AD.
21. Erstelle ein Aktivitätsdiagramm, das zeigt, wie eine Autoreparatur in einer Werkstatt abläuft.
22. Erstelle ein Aktivitätsdiagramm zu einem Kinobesuch. Auslöser der Aktivität soll eine Freikarte sein.
23. Erstelle ein Aktivitätsdiagramm für das Ausleihen von Snowboards in einem Snowboard-Verleih.

Übungen zum Use Case-Diagramm

24. Was ist ein Use Case?
25. Welche Beziehungen gibt es zwischen Use Cases?
26. Wie kannst du einen Use Case beschreiben?
27. Was hältst du von dem Use Case eines Internetshops: „Auftragsannahme durchführen"?
28. Was hältst du von dem Use Case eines Internetshops: „Vorname erfragen"?
29. Erstelle ein Use Case-Diagramm, das die IT-Unterstützung für den Geschäftsprozess *Abmeldeformalitäten erledigen* auf einem Campingplatz beschreibt.
30. Eine Hotelkette will in Bahnhöfen einen Zimmerreservierungsdienst anbieten. Erstelle ein Use Case-Diagramm sowie Use Case-Beschreibungen für die bereitzustellende Funktionalität.
31. Welche Akteure gibt es bei folgenden Use Case-Diagrammen: Sportboothafenverwaltung, Supermarktkasse, Fahrkartenautomat der Bahn, Schulverwaltungsprogramm, Getränkeautomat?
32. Entwickelt wird ein Schulverwaltungsprogramm. Erstelle eine Use Case-Beschreibung für den Use Case *Schüler anmelden*. Beachte, dass es dabei schon folgende Use Cases gibt, auf die du zurückgreifen kannst: *Schulhistorie ablegen, Adressdaten aufnehmen, Notfallkontaktdaten anzeigen,* und *Notfallkontaktdaten pflegen*. Sorge dafür, dass das Alter des Schülers zum Jahrgang passt und somit Falscheingaben minimiert werden. Die geforderte Use Case-Beschreibung kann auf Use Cases zugreifen bzw. verweisen, die jedoch bislang noch nicht definiert sind. Bei dieser Aufgabenstellung kommt es darauf an, dass du überlegst, welche Daten über eine Schülerin ein Schulverwaltungsprogramm wissen will und wie du dieses in einer verständlichen Use Case-Beschreibung darstellst.

2.10 Übungen

Übungen zum Business Object Model

33. Nenne typische Beispiele für Objekte in einem Business Object Model (BOM)!
34. Wozu dient ein BOM?
35. Aus welchen drei Elementen besteht eine Objektdefinition?
36. Welche Kardinalitäten kennst du? Und was bedeuten sie?
37. Was ist eine Aggregation im Rahmen eines BOMs?
38. Was ist eine Komposition im Rahmen eines BOMs?
39. Nenne ein Beispiel für Generalisierung und Spezialisierung im Rahmen eines BOMs.
40. Was ist Vererbung?
41. Wie hängt ein BOM mit einem Use Case Diagramm zusammen?
42. Erstelle ein BOM, das folgende Begriffe aus einer Autowerkstatt modelliert: Kunde, KFZ, Auftrag, Ersatzteil, Lager. Welche Attribute und Methoden siehst du und wie stehen die Objekte zueinander?
43. Erstelle ein BOM für ein IT-System eines Snowboard-Verleihs.
44. Welche Attribute könnten folgende Objekte haben: Garagentor, Aufzug, Kindergarten, Leuchtfeuer (auf einem Leuchtturm)?
45. Welche Attribute könnten folgende Objekte haben: Koffer, Speichermedium, Glühbirne, PC-Spiel, Kaufvertrag?

Übungen zum Zustandsdiagramm

46. Was ist ein Zustand?
47. Aus welchen Elementen besteht eine state machine?
48. Gib ein Beispiel für ein Objekt mit Zustandsattribut.
49. Welche Zustände könnte ein Buchstabe in einem Word Dokument haben?
50. Erstelle ein Zustandsdiagramm für eine Ampel. Dabei soll gelten:
    - Sollte eine Ampel nicht richtig funktionieren und damit keine reguläre Funktion haben, so geht sie in den Zustand „Warnblinkend", auf den immer rot folgt (wegen deiner Sicherheit).
    - Es gibt auch einen Zustand, der rotgelb heißt.
    - Die Wechsel könnten zeitgesteuert erfolgen.
51. Erstelle ein Zustandsdiagramm für einen Flug. Dabei soll gelten:
    - Ein Flug wird eingerichtet und gestrichen.
    - Die Fluggesellschaft wartet auf Reservierungen. Diese können jederzeit eintreffen. Auch deren Stornierungen.
    - Für eine Person wird geflogen.
    - Ein Flug kann ausgebucht sein.
    - Ein Flug kann geschlossen werden. Dann sind keine Reservierungen mehr möglich. Dies kann zum Beispiel kurz vor dem Flugbeginn passieren.

Übungen zum Objekt Sequenz-Diagramm

52. Was beschreibt ein Objekt Sequenz Diagramm(OSD)? Wie ist es aufgebaut?
53. Was ist das einfachste OSD? Wozu eignet es sich besonders gut?
54. Erstelle ein Objekt Sequenz-Diagramm, das eine Methode eines BOMs, welches du bereits erstellt hast, genauer beschreibt.
55. Bilde in einem OSD in einfachster Form den IT-gestützten Ablauf einer Hotelreservierung ab.

Übung zu der Frage: Wie passt das alles zusammen?

56. Wie hängen die dargestellten Methoden idealerweise zusammen?

2.11 Ein umfangreiches Beispiel

Wenn du dieses Beispiel bearbeitest, kannst du die Methoden aus diesem Kapitel einüben. Es ist ein etwas anspruchsvolles Beispiel, das dir viel Raum zum entwerfen, durchdenken, ergänzen und überarbeiten der vorgestellten Diagramme lässt!

Die Ausgangslage sieht so aus: Ein Campingplatz an der Weser verleiht Gegenstände, die man in der Freizeit gerne nutzt. Diese so genannten Leihgegenstände sind derzeit Paddelboote und Fahrräder. Man ist offen für weitere Leihgegenstände, die man in Zukunft verleihen will, zum Beispiel Elektrofahrräder, Angelboote, Quads.

Die Kunden begrüßen das Leihangebot. Die Campingplatzverantwortlichen wissen, dass dies einen steigenden Verwaltungsaufwand bedeutet und benötigen deshalb eine IT Unterstützung – zurzeit ist das eine recht chaotische Zettelsammlung!

Ziel des Campingplatzes ist es, ein neues IT System zu erstellen, mit dem die Verleihvorgänge verwaltet werden können.

Folgende Dinge sind bekannt:

- Jeder Leihgegenstand (z. B. ein Fahrrad) benötigt Zubehör (z. B. Flickzeug, Fahrrad-Ring-Schloss und Helm).
- Während man einen Leihgegenstand reservieren kann, ist dies bei dem Zubehör nicht der Fall. Am Anfang des Leihvorgangs kann man als Mieter vor Ort über das notwendige Zubehör entscheiden. Teilweise ist das Zubehör mietpreispflichtig (z. B. ein Navigationsgerät incl. aktueller Software), teilweise gehört es zum Leihgegenstand dazu und ist kostenfrei (z. B. die Spritzdecke bei einem Paddelboot).
- Aus Erfahrung weiß der Campingplatzbetreiber, dass Leihgegenstände zuweilen später abgeholt werden als vereinbart. Außerdem werden sie wetterabhängig manchmal früher zurückgegeben als vereinbart. Deshalb überlegt er sich folgende Regeln:
  - Ein Leihgegenstand muss reserviert werden. Die Reservierung kann auch unmittelbar vor dem Ausleihen geschehen.

2.11 Ein umfangreiches Beispiel

– Die ganze Zeit, für die ein Leihgegenstand reserviert wurde, muss bezahlt werden (auch wenn der Leihgegenstand später als vereinbart abgeholt wird). Aber: Wenn ein Leihgegenstand früher als vereinbart zurückgebracht wird, gilt ein spezieller Stornotarif, denn der Leihgegenstand kann ja wieder eher als gedacht erneut verliehen werden. Der Stornotarif ist nur halb so teuer wie der reguläre Tarif.
- Die Ausleihe ist grundsätzlich stundengenau möglich. Es kann auch tageweise ausgeliehen werden – der Tagessatz ist viel günstiger als 24 Stunden zum Stundensatz. Wird ein Leihgegenstand verspätet zurück gebracht, ist je angefangener Stunde der dreifache Stundensatz zu zahlen.
- Durch Aushang und im Internet wird auf die Reservierungs- und Ausleihregeln hingewiesen.

Nun zu deinen Aufgaben:

Übung zum Schnittstellendiagramm Verleih
Erstelle für den Verleih ein Schnittstellendiagramm, mit dem folgende Dinge abgebildet werden. Dabei interessiert vor allem der Blick auf die IT:

- Leihgegenstände werden vermietet und zurückgegeben.
- Es kommen Reservierungsanfragen („ich will mir einen Fahrrad von dann bis dann ausleihen") von Kunden beim Campingplatz an.
- Es kommen Daten (Name, Anschrift usw.) des Kunden in das System.
- Besehende Reservierungen werden vom Kunden geändert.
- Leihgegenstände werden gegenüber dem Kunden abgerechnet (Rechnung). Dazu sind auch entsprechende Eingaben (Leihzeitraum, ggf. zum Stornotarif, Art des Leihgegenstandes, Zubehör) bedarfsgerecht in das System einzugeben.

Übung zum Prozesshierarchiediagramm Campingplatz
Erstelle ein Prozesshierarchiediagramm PHD des Campingplatzes mit folgenden Eigenschaften:

- Das Geschäft des Campingplatzes besteht aus einem Kiosk, dem eigentlichen Campingplatz und dem Verleih.
- Der Verleih beinhaltet die Geschäftsprozesse: Reservierung anlegen, Reservierungsänderung verwalten, Ausleihvorgang durchführen, Leihgegenstand zurücknehmen, Rechnung stellen, Bezahlvorgang durchführen.
- Die Geschäftsprozesse in den Geschäftsbereichen Kiosk (u. a. Ware bestellen, Rechnung stellen) und Campingplatz (Reservierung von Stellplätzen, Rechnung über Stellplätze usw.) sollen nicht betrachtet werden. Die damit zusammengehörenden Geschäftsprozesse interessieren hier nicht.
- Der Geschäftsprozess Reservierung anlegen beinhaltet folgende Aktivitäten:

- Kunde (Person mit Reservierungswunsch) wird identifiziert und ggf. datentechnisch erfasst bzw. angelegt.
- Ein Leihgegenstand (zum Beispiel Paddelboot oder Fahrrad) wird – ggf. mit Zubehör – der Reservierung zugeordnet.

Der Geschäftsprozess *Reservierung anlegen* auf dem Campingplatz beinhaltet u. a. folgende Dinge, die dir sicher unmittelbar einleuchten werden:

- Kunde identifizieren (Wer will ausleihen?)
- Leihgegenstand festlegen (Welcher Gegenstand soll verliehen werden? Welches Zubehör?)
- Leihzeitraum festlegen (Wann wird der Leihgegenstand abgeholt und wann wieder zurückgebracht?)
- Preisprognose berechnen (Weil der Kunde wissen will, wieviel der Leihvorgang kosten wird).

Übung zum Aktivitätsdiagramm Reservierung anlegen
Erstelle ein Aktivitätsdiagramm, in dem der Geschäftsprozess *Reservierung anlegen* abgebildet ist. Folgende Tätigkeiten kommen unter anderem in dem zu erstellenden Aktivitätsdiagrammen vor. Strukturiere und benenne sinnvoll:

- Anlegen oder auswählen eines Kunden,
- auswählen eines Leihgegenstandes,
- Festlegen eines Zeitraumes für den Leihvorgang,
- Berechnung eines Preises für den Leihvorgang,
- Erstellung einer Proberechnung (Preisprognose).

Übung zum Aktivitätsdiagramm Reservierung ändern
Erstelle ein Aktivitätsdiagramm für den Geschäftsprozess: *Reservierung ändern*.

Übung zum Aktivitätsdiagramm Rechnung erstellen
Erstelle ein Aktivitätsdiagramm für den Geschäftsprozess: *Rechnung erstellen*.

Übung zum Use-Case-Diagramm Preisprognose erstellen
Erstelle ein Use Case-Diagramm für die Aktion *Preisprognose erstellen*.
Folgende Use Cases (die in anderen Use Case-Diagrammen ebenfalls eine Rolle spielen können) könnten u. a. vorkommen:

- Leihgegenstand selektieren,
- Kunden selektieren,
- Reservierungszeitraum selektieren,
- Zubehör selektieren.

2.11 Ein umfangreiches Beispiel

Übung zur Beschreibung des Use Cases Leihgegenstand selektieren
Beschreibe den Use Case *Leihgegenstand selektieren*! Erstelle ein **Business Object Model** für den Verleih. Überlege dir dazu: Welche Begriffe gibt es im Verleihgeschäft und wie hängen sie zusammen?

Übung zum Zustandsdiagramm Ausleihvorgang
Erstelle ein Zustandsdiagramm für einen Ausleihvorgang:
Der Vorgang wird angelegt für einen bestimmten Zeitraum. Dann kann der Vorgang in Bezug auf Leihgegenstand und Zeitraum verändert werden, wenn nicht schon andere Reservierungen Änderungen verhindern. Schließlich wird der Vorgang abgerechnet und archiviert.

Übung zum Einfachsten Object Sequenz-Diagramm Leihgegenstand selektieren
Zeige in einem einfachsten Objekt Sequenz-Diagramm, wie der Use Case *Leihgegenstand selektieren* abläuft. Es soll nur die Interaktion zwischen dem User und dem Verleihsystem dargestellt werden.
Wenn du noch nicht vollkommen aus der Puste bist, kannst du dir folgende spannende Erweiterungen des Problemraums ansehen:

Übung zur Erweiterung der Diagramme
Der Campingplatzpächter will besser kontrollieren, ob und wie sich der Verleih überhaupt lohnt. Bisher konnten zwar Rechnungsbeträge betrachtet werden, aber die genauen Kosten eines jeden Gegenstandes wurden nicht genau betrachtet bzw. gespeichert.
Um dies zu verbessern, werden folgende funktionale Anforderungen aufgestellt:

- Für jeden Leihgegenstand müssen Daten wie z. B.: Baujahr, Kaufpreis, Lieferant gespeichert werden.
- Verleihgegenstände müssen versichert werden. Es fallen somit Versicherungsbetrag, Versicherer und Vertragsnummer als Daten an, die gespeichert werden können. Außerdem können Steuern als weitere laufende Kosten anfallen. Dies ist z. B. bei Elektrofahrrädern wichtig.
- Für jeden Leihgegenstand müssen Wartungs- und Reparaturkosten gespeichert werden können. Wann wurde ein Außenbordmotor das letzte Mal gewartet? Welche Rechnungspositionen (Motoröl, Beseitigung von Propellerschäden, neue Zündkerze etc. ...) sind dabei angefallen?
- Es kann auch – zum Beispiel bei Elektrofahrrädern notwendig sein, den Kilometerstand zu speichern.
- Die Auswertung der Kosten soll nicht für jeden einzelnen Gegenstand erfolgen. Vielmehr werden Gegenstände gleichen Typs (z. B. alle Fahrräder, alle Paddelboote) zu Leihgegenstandgruppen zusammengefasst und auf dieser Ebene analysiert. Den Kosten werden die Erträge je Leihgegenstandsgruppe gegenübergestellt. So kann der Päch-

ter Fragen beantworten wie: „Lohnt sich der Verleih von Fahrrädern?" „Habe ich mit E-Bikes oder Paddelbooten mehr Geld verdient?"

Überlege dir, wie du diese zusätzlichen Anforderungen in die Diagramme einbauen kannst! Wie sieht das dazugehörige Business Object Model aus?

Das Projektgeschehen 3

Zusammenfassung

Im Kap. 3 sollst du bei der Softwareentwicklung den Beteiligten ein wenig über die Schulter schauen. Es heißt daher auch „Das Projektgeschehen". Der Titel des Kapitels deutet vielleicht auch schon ein wenig an, dass du auch auf Probleme rund um IT-Projekte aufmerksam gemacht wirst.

Dazu wird zunächst beschrieben, was überhaupt ein Projekt ist. Angesichts von Nachrichtenmeldungen sollst du verstehen, warum Projekte ein Risiko beinhalten und scheitern können. Wenn dir dieses immer bewusst ist, ist schon viel gewonnen.

Dann erklären wir, dass es grundlegende Arten von IT-Projekten gibt. Nicht jedes IT-Projekt wird „in einem Rutsch" von der ersten Idee bis zur fertig nutzbaren Software entwickelt. Es gibt da mehrere Alternativen, die dir vertraut sein sollten. Wir sprechen von „Arten von IT-Projekten".

Danach stellen wir die Menschen vor, denen du in einem Projekt begegnen kannst. Besser gesagt die Rollen der Menschen. Jede Rolle bringt unterschiedliche Interessen in ein Projekt und ist mit bestimmten Tätigkeiten verknüpft. Der Kunde, der für eine Softwareentwicklung zahlt – das ist dir klar – will eine gute Leistung zu einem guten Preis. Aber es gibt noch weitere Personen, die dir begegnen. Was wollen die? Was können die? Für welche Aufgaben und Interessen steht die Rolle ProjektleiterIn? Dieser Abschnitt soll dir helfen, die Interessen, die im Projektgeschehen zuweilen aufeinanderprallen, besser einzuordnen.

Es gibt sehr viele Dokumente in einem IT-Projekt. Dieses Kapitel soll dir helfen, diese zu klassifizieren. Du sollst dabei einige ganz typische Dokumente kennen lernen. Weil diese in solcher oder ähnlicher Form in jedem Projekt erstellt werden sollten.

Wenn du das Kap. 3 gelesen hast, weißt du, wie sich die Vorgehensmodelle aus Kap. 1 und die Methoden bzw. Werkzeuge aus Kap. 2 im Projektalltag wieder finden. Außerdem ist dir klar, auf was du bei einem eigenen Projekt achten musst. Beispielsweise kennst du mögliche Rollen, Dokumente und kannst dich als ProjektmitarbeiterIn besser orientieren.

Dieses Kapitel stellt dar, wie man die Arbeit im Projektgeschehen sinnvollerweise organisiert und was dabei alles zu beachten ist.

Im Vordergrund stehen folgende Fragen:

- Was ist ein Projekt?
- Welche Arten von Projekten gibt es?
- Wer sind die handelnden Personen und welche Interessen verfolgen diese?
- Welche Dokumente gibt es in einem Projekt?
- Was ist Projektmanagement?
- Wie sieht ein konkretes Projektgeschehen beispielhaft aus?

Im Folgenden darfst du dich über die Antworten zu diesen Fragen freuen!

3.1 Was ist ein Projekt?

Der Begriff *Projekt* ist dir sicherlich aus diesem Buch geläufig. Oder aus einem der folgenden Zusammenhänge:

- Vielleicht erinnerst du dich noch gerne an die Projektwochen während deiner Schulzeit, wo es um ungewöhnliche Aufgaben ging. Vielleicht hast du dort etwas über die Geschichte deines Wohnortes erfahren und das neue Wissen deinen Mitschülerinnen mitgeteilt.
- Vielleicht hast du mit einer kleinen Gruppe einen Kurzfilm gedreht und ihr habt immer – vielleicht mit einer Prise Stolz – von „unserem Projekt" gesprochen.
- Vielleicht ist dir der Begriff auch beim Studieren von Stellenanzeigen in der Zeitung über den Weg gelaufen. Dort werden „ProjektleiterInnen" gesucht, die – wie man ebenfalls dort lesen kann – auch nicht schlecht bezahlt werden.
- Vielleicht hast du von einem Projekt zur Entwicklung eines neuen Fahrzeugtyps gelesen. Viele Manager, Ingenieure, Designer und andere Personen bemühen sich um das Aussehen, die Technik, die Vertriebsstrategie und die Produktion eines geplanten Autotyps.
- Vielleicht hast du von einem IT-Projekt gehört, bei dem neue Software für eine Firma erstellt werden soll. Dabei könnte es dann sowohl um die Gestaltung von firmeneigenen Internetseiten, als auch um die Unterstützung von innerbetrieblichen Arbeitsprozessen gegangen sein.

Aus diesen Beispielen wird bereits klar, dass ein Projekt etwas mit dem Erledigen einer nicht ganz einfachen Aufgabe zu tun hat. Dies ist aber noch keine ausreichende Definition des Begriffs Projekt.

3.1 Was ist ein Projekt?

Um von einem Projekt sprechen zu können, muss eine Aktivität bestimmte Kriterien erfüllen. Sie werden in diesem Abschnitt dargestellt. Dies geschieht zwar in Hinblick auf IT-Projekte, die Definition ist jedoch auch auf andere Branchen und deren Projekte anwendbar.

Aber eines vorweg: Es gibt zwar eine DIN-Definition (DIN 69901) für Projekte, aber es gibt keine allwissende Institution, die entscheidet, ob bei einem bestimmten Vorhaben ein Projekt vorliegt oder nicht. Daher kann es durchaus Diskussionen geben, ob eine Aktivität ein Projekt ist oder nicht.

Die Kriterien, die ein Vorhaben zu einem Projekt machen, sind in Abb. 3.1 dargestellt. Auf den ersten Blick ist zu sehen, dass ganz unterschiedliche Aspekte zu einem Projekt gehören. Wenn eines der Kriterien nicht gegeben ist, so kann man – zumindest wenn man es sehr genau nimmt – nicht von einem Projekt sprechen. Dann müsste man von einer Aktivität, einer Aufgabe oder eben einem Vorhaben sprechen. Der Begriff Projekt hört sich aber einfach besser an und wird daher gerne verwendet.

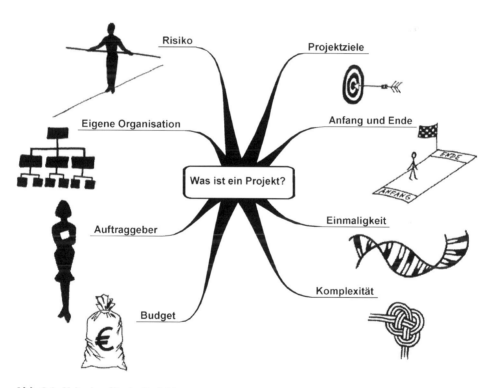

Abb. 3.1 Kriterien für ein Projekt

Nun zu den Kriterien im Detail.

Ein Projekt hat Ziele

Ein Projekt hat *Ziele*. Anhand der Ziele richten sich Projekte aus, werden Pläne erstellt und wird über den Projekterfolg entschieden.

Bei der Zielfestlegung ist einiges zu beachten.

- Ziele sollten *präzise* und *verständlich* formuliert sein.
- Sie sollten *erreichbar* sein.
- Ob ein Ziel erreicht wurde, sollte entscheidbar oder *messbar* sein.
- Die Ziele sollten *vollständig* und *widerspruchsfrei* formuliert sein.

Beispiele für Projektziele sind:

- Durch die Einführung des Programms zur Campingplatzverwaltung sind die geschäftlichen Abläufe auf allen Campingplätzen von WeserTourist identisch.
- Die neue Anwendung unterstützt die firmeninternen Prozesse *Reservierung* und *Abrechnung*.
- Die neue Anwendung ermöglicht die Auswertung der Campingplatzbelegung.

Weitere Hinweise zur Formulierung von Projektzielen findest du im Abschn. 3.5.3 sowie im Internet. Such doch mal nach „SMART"[1].

Ein Projekt hat einen Anfang und ein Ende

Ein Projekt hat einen *Anfang* und ein *Ende*, denn die Projektziele müssen in einer angemessenen Zeit erreicht werden. Dazu gehört zunächst ein unüberhörbarer Startschuss. Dies kann zum Beispiel ein Treffen der Beteiligten sein, ein so genannter *Kick-Off-Workshop*. Danach wissen alle Beteiligten: „Jetzt ist alles entschieden, jetzt geht das Projekt los."

---

[1] SMART ist die Abkürzung für: Spezifisch, Messbar, Angemessen, Relevant und Terminiert. So sollen Ziele formuliert sein.

Das Projektende ist erreicht, wenn alle Projektziele erfüllt sind und somit alles fertig ist. Beim Hausbau wäre das, wenn das Haus bezugsfertig ist.

Wichtig ist, dass Projekte nicht unendlich lang sein dürfen. Wenn zum Beispiel MitarbeiterInnen jahrelang damit verbringen, eine Software auf dem aktuellen Stand zu halten, liegt höchstwahrscheinlich kein Projekt vor. Man könnte eine solche Wartung aber auch anders organisieren: Durch die Bündelung der Arbeit in zeitlich begrenzte Pakete könnte man die Wartungsaufgabe in überschaubaren Projekten organisieren.

Ein freiberuflicher Programmierer hat einmal gesagt: „Ich finde Projekte am besten, wenn sie drei bis sechs Monate laufen, sonst ist mir das zu lange."

Vielleicht hast du schon einmal gehört, dass viele Projekte den ursprünglich geschätzten Zeitrahmen überschreiten. Das ist ein Problem, welches zum Beispiel mit einer falschen Planung zu tun haben könnte.

Ein Projekt ist einmalig. *Einmaligkeit* bedeutet, dass das Vorhaben in genau dieser Konstellation nicht schon einmal realisiert worden ist. Auch wenn eine bestimmte Software bereits bei mehreren Kunden installiert und eingeführt wurde, so ist es doch bei jedem neuen Kunden wieder ein Projekt: Kundenindividuelle Wünsche, Einstellungen und Gegebenheiten machen dann zum Beispiel die Einmaligkeit aus. Jeder Hausbau ist ebenfalls ein Projekt, denn er läuft nie vollkommen gleich ab.

Einmaligkeit ist eine wichtige Abgrenzung zum normalen Arbeitsprozess. Wenn bestimmte Vorgänge in der Vergangenheit schon mehrmals durchgeführt wurden oder standardmäßig wiederholt werden, so liegt kein Projekt vor.

Ein Projekt ist komplex. Es gibt keine allgemein gültige Definition des Begriffes *Komplexität* Das macht die Sache nicht einfach. Auf jeden Fall gilt: Je anspruchsvoller die Projektziele, je größer der notwendige Geldbetrag, je undurchschaubarer das Projektumfeld, je größer das befürchtete Chaos, umso höher ist die Komplexität.

Nun stellt sich die Frage: Ab wann ist die Komplexität hoch genug, damit man von einem Projekt sprechen kann? Ist die Aufgabe, das Licht am Fahrrad zu reparieren, schon komplex genug, um sie als Projekt auszuweisen? Die Antwort fällt schwer.

Also hilft man sich in der IT-Praxis manchmal mit einer Faustregel: Wenn Personen mit ganz unterschiedlichen Kompetenzen nötig sind, um die Projektziele zu erreichen, so ist das Projekt komplex. Wenn verschiedene Fachleute für Netzwerke, für Server und für spezielle Programme zusammen am Projekterfolg arbeiten müssen, ist die Komplexität gegeben.

Es wird aber dennoch Diskussionen geben. Wenn jemand alleine an einem Projekt arbeitet, was dann? Wenn genug Aktivität und Herzblut im Projektgeschehen zu Tage tritt, wird niemand in der Praxis bezweifeln, dass es sich um ein echtes Projekt handelt.

Ein Projekt hat ein Budget

Ein Budget ist ein Geldbetrag, der dem Projekt zur Verfügung steht. Ein Vorhaben ist nur dann ein Projekt, wenn es ein definiertes Budget gibt, wenn also ein gewisser realistischer Geldbetrag verbraucht werden kann. Es liegt kein Projekt vor, wenn es ein unbegrenztes oder undefiniertes Budget gibt. Ganz spitz könnte man formulieren: Erst durch die Kombination von ehrgeizigen Projektzielen und begrenztem Budget werden im Projektteam genug kreative Kraft und Arbeitseinsatz freigesetzt, dass alle Beteiligte profitieren können. Es kommt sozusagen Dampf auf den Kessel.

Ein Budget ist nicht immer als Geldbetrag definiert – manchmal wird auch eine Summe von Arbeits- oder Personentagen als Budget festgelegt.

Ein Projekt hat einen Auftraggeber

Jedes Projekt hat einen *Auftraggeber* oder eine *Auftraggeberin*. In der Projektpraxis ist die Auftraggeberin der wichtigste und mächtigste Mensch auf dem Projektspielfeld, denn sie hat das Geld. Mit ihm werden daher Projektziele diskutiert und die Verträge ausgehandelt. Du siehst das auch auf einer Baustelle: Dort hat auch der Bauherr das Sagen. Und auch dort muss er für seine Entscheidungen gerade stehen.

Es kann sein, dass der Auftraggeber eine juristische Person ist, also zum Beispiel eine Firma, die von der Geschäftsführung repräsentiert wird.

3.1 Was ist ein Projekt?

Ein Projekt hat eine Projektorganisation

Jedes Projekt hat eine eigene *Projektorganisation*, die für die Erreichung der Projektziele notwendig ist. Mit der Projektorganisation wird festgelegt, welche Teams, welche Rollen und welche Verantwortlichkeiten es gibt. Abbildung 3.2 zeigt ein Beispiel für eine grobe Projektorganisation mit drei Teilprojektteams.

Nicht dargestellt ist, aber vorstellbar wäre, dass es im ersten Team neben einer Teilprojektleiterin, eine Fachexpertin für Geschäftsabläufe und noch zwei weitere Entwickler gibt. Dem dritten Team könnte u. a. ein IT-Trainer angehören, der die Schulungen übernehmen wird.

Beachte bitte, dass wir hier von Rollen und nicht von Personen sprechen: Welche Person welche Rolle ausfüllt, ist hier nicht zu sehen.

Ein Projekt hat das Risiko des Scheiterns

Jedes Projekt beinhaltet das Risiko des Scheiterns. Wenn Projekte scheitern, bedeutet das nicht, dass kein Projektziel erreicht wurde und der gesamte Aufwand für die Katz war. Scheitern bedeutet, dass nicht alle Projektziele erreicht wurden oder die Projektziele nicht mit dem geplanten Budget oder in der vorgegebenen Zeit erreicht werden konnten. Dieses kennst du zum Beispiel aus den Zeitungen oder aus dem Fernsehen, wenn ein öffentliches Bauprojekt viel teurer wird als geplant. Ebenfalls in den Massenmedien gibt es zuweilen Berichte über IT-Projekte, die teurer werden als geplant. Zum Beispiel, wenn große Behörden mit neuer IT-Technik versorgt werden sollen. Man kann nach den Ursachen fragen, indem man gescheiterte Projekte genau analysiert. Anspruchsvolle Projektziele,

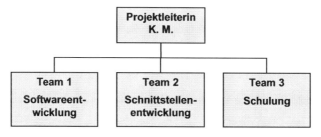

Abb. 3.2 Projektorganisation

ein knappes Budget und unerfahrene Projektleiter – eine solche Kombination enthält das Risiko des Scheiterns.

Wie das Risiko genau aussieht und zu beziffern ist, hängt auch von den vertraglichen Grundlagen ab. Wenn zum Beispiel vorab ein *Festpreis*[2] vereinbart wurde, so trägt der Dienstleister ein hohes Risiko: Dauert nämlich die Projektdurchführung länger als geplant, so muss er für diese Mehrkosten aufkommen.

Hiermit endet der Kriterienkatalog für Projekte. Du kannst jetzt selber überlegen, ob der Kauf eines neuen Computers ein Projekt in diesem Sinne ist. Übungsaufgaben dazu findest du am Ende dieses Kapitels.

3.2 Welche Arten von IT-Projekten gibt es?

Es gibt Projekte in unterschiedlichen Branchen und mit ganz unterschiedlichen Schwerpunkten. Im Folgenden stellen wir dar, wie groß die Welt von IT-Projekten ist und wie sich diese jeweils unterscheiden.

3.2.1 Projektdimensionen im Überblick

Da sich Projekte in ihren Eigenschaften unterscheiden, sprechen wir im Folgenden von *Projektdimensionen*. Folgende Projektdimensionen unterscheiden und erläutern wir:

- Projektaufwand,
- Projektstandorte,
- Technologie,
- Charakter der Projektziele,
- Phasenschwerpunkte.

Die dargestellte Liste ist nicht vollständig, weitere Kriterien sind denkbar. Zum Beispiel könnte man Projekte nach ihrer Eile, ihrer Möglichkeit zur Qualifikation der Beteiligten, in Bezug auf die Wichtigkeit für das Geschäft und so weiter unterscheiden.

3.2.2 Projektaufwand

Teilweise dauern IT-Projekte eine Woche und sind von ein bis drei Personen zu erledigen und teilweise arbeiten einhundert Personen in mehreren Ländern über Jahre daran, ein IT-

---

[2] Festpreis bedeutet, dass Auftraggeber und Auftragnehmer sich vor Projektbeginn auf einen fixen Rechnungsbetrag geeinigt haben – es wird keine Rechnung über den tatsächlichen Aufwand (insbesondere über geleistete Arbeitstage) gestellt.

Projekt durchzuführen. Eine allgemeine Definition, was ein kleines und was ein großes Projekt ist, gibt es jedoch nicht.

3.2.3 Projektstandorte

Es ist ein Unterschied, ob ein Projektteam gemeinsam in einem Bürogebäude sitzt, oder ob es als Team so weit verstreut arbeitet, dass nur gelegentlich wirkliche Treffen der Beteiligten stattfinden können. Nach Anzahl, Lage und Entfernung der Projektstandorte untereinander ist also ebenfalls eine Unterscheidung von Projekten möglich.

Stell dir ein internationales Projekt vor, an dem ca. 30 Personen arbeiten. In Deutschland werden die Konzeption und das Design gemacht, in Indien erfolgt die Programmierung. Die systematischen Programmtests werden von einem ungarischen Unternehmen durchgeführt und die spätere Software wird in Frankreich eingesetzt[3]. Es ist klar, dass bei einem solchen Projekt viel Arbeit in die Koordinierung und in die Planung gesteckt werden muss. Außerdem werden die Reisekosten nicht aus der Portokasse bezahlt werden können, sondern ein ansehnliches Stück im Budget ausmachen. Die Anzahl der Projektstandorte sowie deren Entfernung zueinander sind also zweifellos wichtige Kriterien, nach denen sich Projekte unterscheiden.

3.2.4 Technologie

In der IT-Branche werden Projekte häufig nach der verwendeten Technologie unterschieden. Man spricht zum Beispiel von einem SAP-Projekt, wenn die branchenbekannte Standardsoftware gleichen Namens in einem Projekt eingesetzt wird. Vielleicht hast du auch von der Großstadt gehört, die in ihrer Verwaltung ein Linux-Projekt aufgesetzt hat. Diese Unterscheidung der Projekte ist für IT-Profis sinnvoll, denn die Technologie gibt häufig einen gewissen Projektrahmen vor. So sind die zu erwartenden Kosten, die Werkzeuge für den Programmierer, das notwendige Spezialwissen und die Flexibilität durchaus von der Technologie abhängig.

Diese Überlegung gilt übrigens auch für andere Branchen: Ein Holzhaus zu errichten ist ein anderes Projekt, als ein Massivhaus aus Stein zu bauen.

3.2.5 Charakter der Projektziele

Projekte können sich nach dem Charakter der Ziele, die erreicht werden sollen, unterscheiden. Dazu stellen wir nun zwei wichtige Begriffe vor.

---

[3] Beachte bitte: Solche Projekte entstammen keinem Science Fiction Roman. Sie sind Realität!

Bei *Erforschungsprojekten* liegt das Ziel im Erkenntnisgewinn bezüglich eines bestimmten Themas. Es geht dabei oft um ein Ausprobieren und Erforschen. Wenn zum Beispiel ermittelt werden soll, ob eine neue Programmiersprache für typische Programmieraufgaben in einer Abteilung geeignet ist, so kann dies in einem kleinen Erforschungsprojekt erfolgen. Welche Erfahrungen und Empfehlungen dabei herauskommen, weiß man am Anfang nicht.

Bei *Machbarkeitsstudien* ist das Projektziel die Beantwortung einer sehr konkreten – oftmals technischen – Frage. Häufig bezieht sich diese Frage darauf, ob die ins Auge gefasste IT-Technik funktioniert und den Anforderungen entspricht. In solchen Projekten wird die Technik unter Praxisbedingungen ausprobiert und auf ihre Einsatztauglichkeit überprüft. Es wird zum Beispiel untersucht, ob die Kombination von neuem Server, brandneuem Betriebssystem, bestehender Datenbank und bestehenden Programmen funktioniert. Nach der Durchführung der Machbarkeitsstudie muss mit hinreichender Sicherheit klar sein, ob die IT-Technik funktionieren wird.

3.2.6 Phasenschwerpunkte

Projekte können ebenfalls unterschieden werden nach der Art und Anzahl der notwendigen bzw. durchlaufenen Phasen im Softwareentwicklungsprozess (siehe Abschn. 1.2).

Von *Konzeptionsprojekten* wird gesprochen, wenn die Phase Konzeption durchgeführt wird. Wie in Abb. 3.3 dargestellt, wird dabei nur eine einzelne Phase aus dem Kernbereich durchgeführt.

Das in einem Konzeptionsprojekt erstellte Projektergebnis könnte ein Pflichtenheft sein. Ein Auftraggeber kann es bei verschiedenen IT-Dienstleistern vorlegen und um Angebote bitten. Die Angebote umfassen dann die notwendigen Arbeiten für die Design-, die Realisierungs- und die Testphase. Ein solcher Angebotsvergleich kann sich in barer Münze auszahlen!

Von einem *Umsetzungsprojekt* kann man sprechen, wenn alle Projektphasen einschließlich der Realisierung durchgeführt werden. Wie in Abb. 3.4 angedeutet, wird manchmal auch die Einführung mit eingeschlossen.

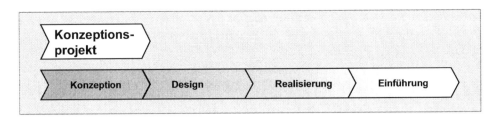

Abb. 3.3 Konzeptionsprojekt

3.2 Welche Arten von IT-Projekten gibt es?

Abb. 3.4 Umsetzungsprojekt

Diese Projektart wird im vorliegenden Buch schwerpunktmäßig behandelt. Der Begriff Umsetzungsprojekt ergibt sich, weil die Umsetzung eines Konzeptes einen Tätigkeitsschwerpunkt darstellt.

Von einem *Einführungsprojekt* sprechen wir, wenn Standardsoftware eingeführt wird und die individuelle Anpassung auf Kundenwünsche keinen großen Projektschwerpunkt darstellt. Ein Einführungsprojekt kann die gleichen Projektphasen wie ein Umsetzungsprojekt beinhalten. Die notwendigen Tätigkeiten und auch die Schwerpunkte der Arbeit unterscheiden sich allerdings. Zum Beispiel wird es in einem Einführungsprojekt in der Regel weniger Programmieraufgaben geben als in einem Umsetzungsprojekt.

Dir können auch noch ähnliche Begriffe über den Weg laufen. Ein Team kann ein *Realisierungsprojekt* durchführen, wenn seine einzige Aufgabe darin besteht, auf der Grundlage eines detaillierten Designs zu programmieren und zu testen. Projekte nach ihren Phasenschwerpunkten zu klassifizieren wird vor allem dann genutzt, wenn man ausdrücken möchte, was die Hauptaktivitäten im Projekt sind.

Es gibt in dieser Projektdimension eine besondere Art von Projekt, das *Wartungsprojekt*. Wir beschreiben in diesem Buch das Vorgehen bei der Softwareerstellung vorwiegend anhand des in Abb. 1.3 dargestellten Basismodells. Für die Anpassung einer bestehenden Software an neue Anforderungen ist in dem Modell keine spezielle Phase vorgesehen. Da solche Aktivitäten dir jedoch häufiger begegnen können und man auch von einer „Wartungsphase" sprechen kann, stellen wir die entsprechende Projektart hier dar.

Ausgangspunkt für ein *Wartungsprojekt* ist ein bestehendes IT-System, welches an neue Anforderungen angepasst werden muss. Ein typisches Beispiel für eine Wartung ist die Anpassung einer Software an eine neue Währung[4]. Andere Beispiele betreffen die Änderung einer Eingabemaske oder der Gestaltung von Berichten, die von der Software erzeugt werden.

Wartungsprojekte sind wirtschaftlich bedeutsam und auch immer wieder ein Betätigungsfeld für Projektnovizen. Wenn du mehr darüber erfahren willst, lies den folgenden Balkon.

---

[4] Anfang des Jahrhunderts gab es hierzulande viele Wartungsprojekte zur Euro-Umstellung.

Hintergrundinformation
Wartungsprojekte gelten bisweilen als langweilig und nicht innovativ. Zu Unrecht, wie wir meinen. Der Trick bei Wartungsprojekten ist nämlich, dass ein Wartungsprojekt ein komplettes Projekt darstellt – mit allen Tätigkeiten, die auch ein Projekt zur Erstellung brandneuer Software hat. Das siehst du an den stichwortartigen Überlegungen zu den folgenden Fragen:

Um was geht es? Einarbeitung in die Software und in den Problemraum: Ohne dieses Vorwissen reden du und der Kunde aneinander vorbei. Die Einarbeitung ist möglich durch Einweisung, Sichtung der Dokumentation oder praktischen Umgang mit der Software.

Was will der Kunde? Treffen mit dem Kunden zur Ziel- und Bedarfsanalyse. Der Kunde erläutert dabei, wie die Software jetzt funktioniert und wie sie in Zukunft arbeiten soll.

Wie teuer wird es für den Kunden? Kalkulation bzw. Schätzung der zu erledigenden Aufgaben und die Erstellung eines Angebotes für den Kunden.

Was soll verändert werden an der bestehenden Lösung? Durchführung einer Konzeption unter Nutzung der vorhandenen Dokumente.

Wie funktioniert die Software heute? Analyse der bestehenden Software. Zum Beispiel werden die änderungsrelevanten Module identifiziert und ihre Struktur untersucht. Danach kennst du die Stellen, an denen Änderungen notwendig sind.

Wie werden die neuen Anforderungen in der bestehenden Software umgesetzt? Du erstellst und änderst hier alle Dokumente, die du aus der Phase Design kennst. Beispielsweise kann über Use Case-Diagramme, Sequenzdiagramme und BOM nachgedacht werden.

Es folgen dann im Rahmen des Wartungsprojektes die Realisierung, der Test, die Abnahme und die Einführung der neuen Software.

Die Aufzählung soll darstellen, dass Wartungsprojekte aufgrund der geschilderten Aufgabenvielfalt eine gute Möglichkeit zum Erlernen vieler wertvoller Fähigkeiten darstellen. Wenn in einem Wartungsprojekt beispielsweise eine Dokumentation neu aufgebaut wird, weil bestehende Dokumente absolut veraltet sind, ist die Herausforderung an das Wartungsteam groß. Denn es sind im Grunde zwei Projekte durchzuführen, ein Dokumentationsprojekt für die bestehende Software und ein Wartungsprojekt.

Statt nur von einem Projekt zu sprechen, könntest du jetzt aufgrund der Ausführungen zu den verschiedenen Projektarten deine derzeitigen oder zukünftigen Projekte vielleicht wie folgt charakterisieren:

- Großes, international verteiltes SAP-Einführungsprojekt,
- Umsetzungsprojekt für einen Campingplatz,
- Machbarkeitsstudie zum Einsatz von Linux in einer Druckerei,
- Kleines Cobol-Wartungsprojekt zur Währungsumstellung.

3.3 Rollen in einem Projekt

In diesem Abschnitt geht es um die aktiven Personen in einem Projekt.

Du weißt schon, dass Menschen und Rollen nicht dasselbe sind. Man unterscheidet zwischen Personen, wie zum Beispiel dem IT-Berater Herrn Thomas Meier und ihren möglichen Rollen. Denkbar wäre, dass Herr Meier in einem Projekt die Rolle Entwickler und im zweiten Projekt die Rolle Qualitätssicherer hat. Dass Rollen mit bestimmten Aufgaben verbunden sind, kennst du aus der Schule. Dort sind die Rollen, wie zum Beispiel Direktor und Hausmeister, auch mit bestimmten Aufgaben verknüpft.

Im Kap. 1 wurden in Abb. 1.6 einige Rollen vorgestellt. Im Folgenden beschreiben wir besonders wichtige Rollen im Projektgeschehen näher. Dies sind der *Kunde*, der *Projektleiter*, das *Teammitglied* und der *Qualitätsmanager*. Außerdem stellen wir die Rolle des Gremiums *Lenkungsausschuss* vor.

3.3.1 Rolle Kunde

Die wichtigste Rolle in einem Projekt spielt der Kunde bzw. der Auftraggeber. Er hat ein Problem, er möchte eine Lösung dazu haben und er ist bereit, für diese zu zahlen.

In der Regel gibt es in jeder Firma eine Reihe von organisatorischen Gegebenheiten, die verbesserungsfähig sind und für die IT-Projekte aufgesetzt werden könnten. Daher ist es die Aufgabe des Kunden, eine entsprechende Prüfung und Priorisierung durchzuführen. Im Grunde ist dies eine Kosten-Nutzenanalyse für jedes mögliche Projekt. Dabei wird der Kunde jeweils die grob geschätzten Kosten ermitteln und diese dem betrieblichen Nutzen gegenüberstellen. Bei dieser Abwägung müssen schwer zu bewertende Vorteile wie zum Beispiel „Verbesserung der Flexibilität" oder „Verringerung der Abhängigkeit von einem bestimmten Lieferanten" mit einfließen. Der Kunde wählt meistens die Projekte mit der besten Kosten-Nutzen-Relation aus. Manchmal spielen die Kosten auch eine untergeordnete Rolle.

Um einem Dienstleister einen Auftrag zu erteilen, ergeben sich für den Kunden folgende Fragen:

- Was sind meine Ziele? Was will ich erreichen?
- Auf welche Rahmenbedingungen muss ich Rücksicht nehmen bei der Lösung? Dies können finanzielle, technische oder auch strategische Dinge sein, die zu beachten sind.
- Welchen Beitrag kann mein Unternehmen dem Projekt beisteuern und welche Aufgaben müssen vom Dienstleister durchgeführt werden?
- Wie finde ich einen geeigneten Dienstleister?

Im Folgenden werden einige zusätzliche Aspekte erläutert, auf die der Kunde zu achten hat.

Es gilt: „Wer das Geld hat, hat die Macht." Und da der Kunde spätestens am Ende den Projektaufwand bezahlen muss, hat er viel Macht. Er kann zum Beispiel das Projekt starten und auch stoppen.

Folgende Dinge kann der Kunde vom IT-Dienstleister fordern:

- Einhaltung bestimmter Standards im Projektgeschehen. Dazu gehört zum Beispiel, dass nach einem bestimmten Vorgehensmodell gearbeitet wird.

- Regelmäßige Berichte vom IT-Dienstleister an den Auftraggeber. Solche Statusberichte beantworten typische Fragen wie:
  - Welche Projektaktivitäten sind bereits abgeschlossen?
  - Welche Projektaktivitäten sind in Bearbeitung?
  - Welche Projektaktivitäten stehen noch aus?
  - Welche Probleme gibt es derzeit? Wie sollen sie gelöst werden?
  - Läuft das Projekt noch termingerecht?
  - Ist der geplante Endtermin zu halten?

Der Kunde hat jedoch auch Pflichten gegenüber einem Dienstleister. Eine wichtige Pflicht ist natürlich die Bezahlung des Projektgeschehens. Aber es gibt noch eine weitere, nämlich die *Mitwirkungspflicht* im Projektgeschehen.

▶ Der Kunde hat eine Mitwirkungspflicht.

Ohne die Mitwirkung des Kunden und seinen fachlichen Beitrag ist eine Projektdurchführung nicht möglich. Daher wird in vielen Projekten die Mitwirkung des Kunden vertraglich vereinbart. Ein wesentliches Element der Mitwirkungspflicht besteht darin, Informationen zum Geschäft und zu den Abläufen zu geben. Der IT-Dienstleister kennt die Ideen des Auftraggebers im Normalfall nicht. Deshalb gibt es vor allem zu Beginn eines Projektes viel Informationsbedarf.

Die Mitwirkung des Kunden am Projektgeschehen kann sowohl durch geplante Treffen als auch bedarfsgerecht erfolgen.

Am Beispiel von WeserTourist zeigen wir, welche Informationen ein Kunde typischerweise ins Projekt einbringen muss.

Hintergrundinformation
Im Projekt für WeserTourist muss der Kunde Auskunft geben über ganz unterschiedliche Fragen:

- Zu den gesetzlichen Grundlagen:
  - Welche gesetzlichen Vorgaben müssen beachtet werden (zum Beispiel aus dem Meldegesetz)?
- Zu den grundlegenden Geschäftsprozessen:
  - Wie sehen Reservierungsregeln aus? Reserviert man einen ganz bestimmten Stellplatz? Wenn ja, darf das Jeder oder gibt es Abstufungen je nach Kundenkategorie? Zum Beispiel: Dürfen Stammgäste ihren Stamm-Stellplatz reservieren und haben andere Kunden dieses Recht nicht?
  - Zu der Rechnungserstellung:
    - Welche Leistungsarten werden berücksichtigt (zum Beispiel Wohnwagen, Zelt, Wasser-, Elektroanschlüsse)?
    - Wie sehen mögliche Rabattstaffeln aus (u. a. Preisgestaltung für Dauercamper oder Familien mit Kindern)?
    - Welche platzspezifischen Abrechnungsregeln sollen möglich sein (Sonderpreis-Möglichkeiten)?

3.3 Rollen in einem Projekt

- Nach wie vielen Tagen muss jeder Saisoncamper eine Rechnung bekommen, damit die Rechnungsbeträge nicht zu hoch werden?
- Soll jeder Campingplatzbetreiber die Kundendaten aller Campingplatzbenutzer des gesamten Unternehmens sehen können? Welche Detailregeln sollen greifen?
• Zu Fragen des technischen Umfeldes:
- Welche Kartenzahlungen sollen ermöglicht werden? Muss es einen Datentransfer geben vom geplanten System zu Kreditkartenorganisationen bzw. zu Sparkassen und Banken?
- Welche Rechnerkapazitäten gibt es auf den einzelnen Campingplätzen?

Wegen der wichtigen Rolle ist es in größeren Projekten sinnvoll, beim Kunden einen konstanten Ansprechpartner fest zu benennen. Diese Person ist dann der/die *Kundenprojektleiterin*. DieseR sollte das Projektumfeld kennen und Interesse an der IT-Lösung haben. Die KundenprojektleiterIn soll die projektspezifischen Fragen im Sinne des Auftraggebers kompetent beantworten und auch Entscheidungen treffen können.

3.3.2 Rolle ProjektleiterIn

Die Projektleiterin bzw. der Projektleiter leitet das Projekt. Diese Person trägt die Verantwortung dafür, dass die Projektziele in der vorgesehenen Zeit und mit dem geplanten Budget erreicht werden.

Als ProjektleiterIn hast du folgende Aufgaben:

• die Planung eines Projektes,
• die Führung und Steuerung des Projektteams bzw. der einzelnen Projektteammitglieder,
• die Kontrolle der erarbeiteten Leistung,
• die Kommunikation mit dem Auftraggeber, dem Lenkungsausschuss und anderen Personen, die ein Interesse am Projekt haben.

Du bist in der Rolle als ProjektleiterIn ausdrücklich *nicht* verantwortlich für die Sinnhaftigkeit des Projektes. Diese muss in der Auftragsklärung vom Kunden erörtert und entschieden worden sein.

Bei großen Projekten ist die Aufgabe einer Projektleiterin eine anspruchsvolle Aufgabe, die vollen Einsatz erfordert. Ein Arbeitstag reicht da manchmal nicht aus für die täglichen Aufgaben. Die Folge ist, dass nur die dringendsten und wichtigsten Aufgaben erledigt werden können.

Hintergrundinformation
Auf die Frage an erfahrene Projektleiter: „Was ist das Schwerste an deiner Aufgabe als Projektleiter?" gibt es ganz unterschiedliche Antworten:
„Am Schwierigsten ist es für mich, mit Leistungszusagen von Sub-Dienstleistern, die trotz Ankündigung nicht liefern, umzugehen."

„Der Umgang mit dem Kunden ist für mich das Schwerste."
„Der Termindruck und zu Allen freundlich zu sein."
„Es kommt später immer anders, als es geplant wurde."

Bei sehr kleinen Projekten kann es sein, dass die/der ProjektleiterIn gleichzeitig auch Projektteammitglied oder sogar – in bestimmten Fällen – einziges festes Projektmitglied ist. Dann ist es wichtig, die Rollen zu unterscheiden. Du kannst in der Rolle Teammitglied programmieren und in der Rolle als ProjektleiterIn das Projektmanagement übernehmen. Unkompliziert ist das nicht. Es ist nicht einfach, seine eigene Arbeit zu kontrollieren. Das kennst du noch aus deiner Schulzeit: Als Schüler war es für dich auch einfacher, Fehler in den Aufsätzen deiner Mitschüler und Mitschülerinnen zu finden, als in deinen eigenen.

Um als ProjektleiterIn arbeiten zu können, muss man schon einige Erfahrungen im Arbeitsleben und am besten in der IT gemacht haben. Erfahrung ist durch nichts zu ersetzen. Es käme bei den Beteiligten im Projektgeschehen leicht Frustration auf, wenn du als ProjektleiterIn den Überblick im Projekt verlieren würdest. Oder die Nerven, wenn du zum Beispiel den Auftraggeber vertrösten, einen Subunternehmer antreiben musst und gleichzeitig an der Planung für die nächste Phase arbeitest.

Hintergrundinformation
Es gibt Organisationen, Firmen und andere Institutionen, die sich an IT-MitarbeiterInnen wenden, um Projektmanagement-Wissen zu vermitteln. Gerade wenn man eine Projektleitung übernehmen oder wenn man sein eigenes Wissen zu dem Thema aufbauen will, ist ein solches Angebot geeignet. Du lernst nicht nur Theorie, sondern musst dich mit deinen Erfahrungen aktiv einbringen. Zum Beispiel ist denkbar, dass du deine eigenen bisherigen Projekte vorzustellen hast. Damit profitiert jeder Teilnehmer von den Erfahrungen der anderen. Schau unter den Stichworten PMI (zum Beispiel www.pmi.org) sowie unter IPMA (zum Beispiel: www.gpm-ipma.de) nach.

Eine Projektleiterin steht nicht selten vor der wichtigen Frage: „Woher nehme ich die ProjektmitarbeiterInnen für einen Projekteinsatz?" Jede Projektleiterin hätte gern zur Minimierung der Projektrisiken optimal qualifizierte und einsatzfreudige KollegInnen für das Projektteam.

Wie und von wem das Projektteam zusammengestellt wird, hängt von der Organisation ab, die das Projekt durchführt und vom Projekt selbst. Möglich ist, dass sich die Projektleiterin um die Zusammensetzung des Teams[5] nicht zu kümmern braucht. Zum Beispiel könnten sich AbteilungsleiterInnen darum kümmern.

Es gibt aber auch Organisationsformen, in denen es üblich ist, dass die Teamzusammenstellung teilweise oder auch ganz von der Projektleiterin durchgeführt wird. Beispielsweise, wenn das Projektteam aus freiberuflichen Experten oder anderen firmenexternen Kräften besteht.

Im Projektgeschehen lernen alle Beteiligten. Dieser Lernprozess bei den Projektteammitgliedern sollte von Projektleitern unterstützt werden. Mögliche Ansatzpunkte dazu sind:

---
[5] Die Zusammenstellung eines Teams wird auch mit dem englischen Begriff „Staffing" bezeichnet.

3.3 Rollen in einem Projekt

- Die Art und Weise des Umgangs miteinander. Ein gutes Klima ist lernförderlich.
- Kann jeder seine Erfahrungen in das Projekt einbringen? Von Kollegen kann man häufig mehr lernen als in einem Seminar.
- Vorbildliche Besprechungskultur. Kann jedeR ausreden und hören alle zu? Gibt es eine Tagesordnung?
- Fortbildungsmaßnahmen. Gibt es im Team Informationen zu aktuellen Seminaren und Trainings zu den Themen des Projektes? Haben die Teammitglieder die Möglichkeit, daran teilzunehmen?

▶ Ein Projektleiter muss fordern, fördern und für ein gutes Klima im Team sorgen.

3.3.3 Rolle Teammitglied

Die Rolle Teammitglied ist ein Oberbegriff für alle fachlichen Rollen im Projekt, die wir schon in Abschn. 1.3 skizziert haben. In der Projektarbeit brauchen die Teammitglieder nicht nur fachliche Kenntnisse. Du solltest wissen, dass oft noch ganz andere Themen zu bedenken sind:

- Erfolgreiche Durchführung der aufgetragenen Aufgaben.
- Zugewinn von Wissen und Erfahrung zur langfristigen Sicherung deines Berufes.
- Soziale Anerkennung vom Projektleiter und vom Kunden.
- Guter Umgang mit *Rollenkonflikten*. Diese können auftreten, wenn du beispielsweise in zwei Projekten gleichzeitig arbeitest. Du kannst dich ja nicht teilen.
- Eine Mischung aus unterschiedlichen Aufgaben: Zum Beispiel willst du nicht ausschließlich kurzfristige Aufgaben als eine Art Feuerwehrmann übernehmen, sondern auch solche, die langfristig angelegt sind.

Als Teammitglied arbeitest du als SpezialistIn in bestimmten Aufgabenbereichen, zum Beispiel im Bereich der Programmierung, der Softwareanpassung oder der Serverbereitstellung. Der Projektleiter versorgt dich mit Arbeit, indem er dir die im Projektplan für dich vorgesehenen Arbeitspakete zuteilt und erläutert. Eine detaillierte Planung, wie genau du diese Arbeitspakete durchführst, ist dir überlassen.

Du musst den Projektleiter bei seiner Arbeit unterstützen. Es kann sein, dass du als SpezialistIn am besten weißt, wie bestimmte Aufgaben im Detail aussehen, wie lange man für die Erledigung benötigt und was noch zu bedenken ist. Ohne dieses Wissen kann der Projektleiter unter Umständen keinen realistischen Plan aufstellen.

Die Aufgabe jedes Teammitgliedes ist, den Teamentwicklungsprozess zu unterstützen. Eigenschaften wie Respekt vor den KollegInnen, Verlässlichkeit und Kooperationsvermögen können hilfreich sein. Im folgenden Balkon haben wir etwas mehr dazu aufgeschrieben.

Forming	In dieser Orientierungsphase steht die Frage „Wo ist mein Platz in der Gruppe bzw. im Team?" bei jedem der Beteiligten im Vordergrund. Die Erwartungen – auch in Bezug auf die eigenen Einbringungsmöglichkeiten – sind relativ hoch. Der Umgangston ist freundlich, die Leistungsfähigkeit der Gruppe eher mittelmäßig.
Storming	In dieser Konfliktphase baut sich eine Unzufriedenheit auf. Die eigene Rolle wird gesucht und ist noch nicht gefunden. Es gibt Streit über Details. Scheingefechte werden mehr oder weniger offen und direkt ausgefochten. Die Positionen der einzelnen in der Gruppe sind noch sehr wackelig. Demzufolge sinkt auch die Leistungsfähigkeit.
Norming	In dieser Organisationsphase kommt es zur Teambildung. Die individuelle Unzufriedenheit der Beteiligten verflüchtigt sich und es entwickelt sich Selbstvertrauen und Zuversicht. Die eigene Rolle im Team wird klar.
Performing	Das Team funktioniert jetzt gut. Allen Beteiligten ist die eigene Rolle klar und alle Beteiligten fühlen sich wohl. Eigene Stärken können zum Vorteil aller genutzt werden. Das Team zeigt ein hohes Leistungsniveau.

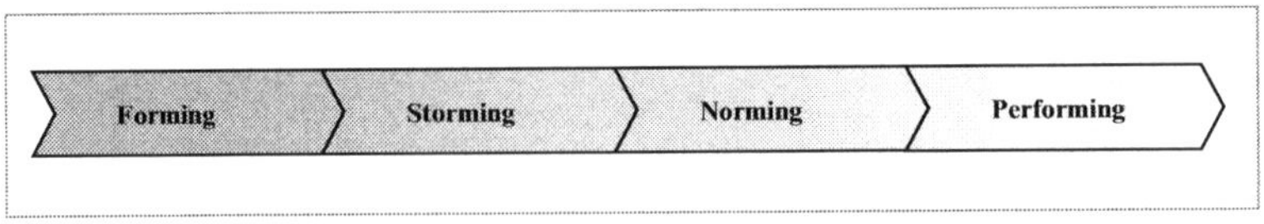

Forming → Storming → Norming → Performing

Abb. 3.5 Teambildungsphasen

Hintergrundinformation

Wenn du in ein neues Projektteam kommst, ist es sinnvoll, einiges über Teamentwicklung zu wissen. Wie wird aus einer zunächst zusammengewürfelten Menge von Menschen ein erfolgreiches Projektteam? Was geschieht in einer Gruppe, wenn sie sich zu einem Team zusammenfindet? Sind Schwierigkeiten in der Teamfindung und -entwicklung normal? Wissenschaftler wie zum Beispiel Tuckman (Tuckman 1996) haben dies untersucht. Abbildung 3.5 erläutert die von ihm herausgefundenen vier typischen Phasen bei der Teambildung.

Wenn du als Projektneuling in ein Team kommst, können dir folgende Hinweise nützen:

Aktivität zeigen!

Überlege dir Fragen an Kollegen zum Projekt und stelle diese bei Gelegenheit. Gehe aktiv auf KollegInnen zu. Anstatt zu warten, dass jemand Zeit für dich findet, könntest du auch von dir aus auf die KollegInnen zugehen.

Gib Rückmeldungen an KollegInnen über deinen Arbeitsfortschritt und auftretende Probleme. Anders formuliert: Betrachte die Information über deinen Arbeitsstatus als Bring- und nicht als Holschuld.

3.3 Rollen in einem Projekt

Lege dir Bücher zu wichtigen Lernfeldern aus den Projekten zu. Vielleicht hilft es dir, wenn du dir selbst ein monatliches Budget für Fachliteratur einrichtest.
Kooperativ sein!
Zum Thema freundliches Auftreten, Grußverhalten und zu weiteren ähnlichen Themen brauchen wir nichts zu schreiben. Das ist selbstverständlich.
Arbeitstechniken einsetzen und verbessern!
Mach dir das Prinzip der Schriftlichkeit zu eigen: Notiere wichtige Dinge sofort. Schreibzeug muss immer dabei sein.
Nutze konsequent die übliche Software, die die Selbstorganisation von Teams unterstützt (Terminabfragen, Listen mit Aktivitäten (To-Do-Listen)).

3.3.4 Rolle QualitätsmanagerIn

Die Aufgabe einer Qualitätsmanagerin oder eines Qualitätsmanagers ist, die Qualität von Prozessen und Produkten sicherzustellen und zu verbessern.

Da drängt sich der Vergleich mit einem Kochbuch auf: In einem guten Kochbuch wird der Prozess des Kochens beschrieben. Zum Beispiel werden die Zutaten und die Reihenfolge der Verarbeitung dargestellt. Durch die sorgfältige Beachtung dieser Zubereitungsvorschriften wird letztlich das Gericht sehr gut schmecken. Und dies gilt auch für Software: Durch die Beachtung von Regeln bei der Herstellung von Software wird diese den Kundenanforderungen in der geforderten Qualität gerecht. Man kann dies folglich knapp formulieren:

▶ Die Prozessqualität steuert die Produktqualität.

Ein wichtiger Aspekt ist, dass der Qualitätsmanager unabhängig vom Projektleiter agiert. Er berät den Projektleiter in Bezug auf die Prozessqualität. Themen der Beratung könnten zum Beispiel die Wahl oder die Anpassung des Vorgehensmodells oder spezielle Testverfahren zum Softwaretest sein. Üblicherweise setzt der Qualitätsmanager seinen Schwerpunkt in IT-Projekten besonders in Testaktivitäten. Er kennt und empfiehlt zum Beispiel spezielle Werkzeuge, mit denen sich Softwaretests vereinfachen lassen und hilft damit dem Projekt. Ein guter Qualitätsmanager ist eine Hilfestellung für das Projektteam.

Vielleicht fragst du dich, was denn der Unterschied zwischen den Rollen Projektleiter und Qualitätsmanager ist. Bei kleineren Projekten gibt es eventuell die Rolle des Qualitätsmanagers nicht oder diese wird von der Projektleitung mit übernommen. Bei größeren Projekten lassen sich die Rollen besser beobachten: Während der Projektleiter sich stark an seinen Projektzielen orientiert und das Projekt zügig beenden will, hat der Qualitätsmanager andere Ziele. Ihm geht es um die kontinuierliche Verbesserung der Prozesse. Er kann mit diesem Hintergrund Projektentscheidungen hinterfragen oder auf Klärung drängen. Letztlich entscheiden wird im Zweifelsfall jedoch immer der Projektleiter.

3.3.5 Rolle des Gremiums Lenkungsausschuss

Bisher haben wir in diesem Abschnitt Rollen von Einzelpersonen beschrieben. Jetzt kommen wir zu der Rolle des Gremiums *Lenkungsausschuss*. Den Lenkungsausschuss kann man als oberste Instanz im Projektgeschehen ansehen.

Ein solches Gremium gibt es nicht in jedem, sicherlich aber in jedem größeren Projekt. Wann ein solches Gremium eingerichtet wird, entscheiden die beteiligten Organisationen.

Dem Lenkungsausschuss gehören AbteilungsleiterInnen oder andere Entscheider an, die sowohl vom Kunden als auch vom Dienstleister entsandt werden. Das Gremium arbeitet nicht andauernd, sondern kommt während der Projektlaufzeit einige Male zusammen, um seine Aufgaben zu erledigen.

Die Aufgaben des Lenkungsausschusses liegen vor allem darin,

- wichtige strategische Entscheidungen zu treffen,
- in kritischen Projektsituationen zu helfen und
- über den Projektfortschritt zu wachen.

Diese drei Aufgaben hören sich harmlos an. Sie haben es aber in sich. Was konkret dies bedeuten kann stellen wir im Folgenden dar.

Es gibt in jedem Projekt schwerwiegende Entscheidungen von großer Tragweite. Zum Beispiel: Welche Programmiersprache oder welche Standardsoftware soll eingesetzt werden? Oder: Soll das Projekt trotz erheblicher Probleme fortgesetzt werden? Solche strategischen Fragen haben eine große organisatorische und auch finanzielle Auswirkung für die Zukunft. Als ProjektleiterIn tut man sich keinen Gefallen, solche Entscheidungen alleine zu verantworten. Daher sollte der Lenkungsausschuss nach gemeinsamer Beratung strategische Entscheidungen treffen.

Im Projektgeschehen kommt es gelegentlich zu kritischen Situationen: Zum Beispiel ist plötzlich absehbar, dass nicht alle Projektziele erreicht werden können. Dann kann der Lenkungsausschuss auf Bitte des Projektleiters entscheiden, was zu tun ist. Damit nimmt das Gremium Lenkungsausschuss der Projektleitung ein gutes Stück Verantwortung ab.

Eine weitere Aufgabe für den Lenkungsausschuss ist die Kontrollfunktion: Sind alle geplanten Ergebnisse bisher erreicht? Wird das geplante Budget reichen? Ist das Projektgeschehen noch im grünen Bereich? Zu diesen und anderen Themen muss der Projektleiter dem Lenkungsausschuss berichten. In der Regel erfolgt dies im Rahmen einer Präsentation bei einer Zusammenkunft des Gremiums. Alternativ könnte der Projektleiter dem Lenkungsausschuss den *Projektstatusbericht* zusenden. Dieses Dokument enthält vor allem Angaben zu den bereits abgeschlossenen und noch offenen Projektaktivitäten.

In unterschiedlichen Firmen und Organisationen wird ein Lenkungsausschuss unterschiedlich benannt. Bekannte alternative Bezeichnungen sind Controlboard, Board, Fachausschuss oder Projektausschuss.

Lenkungsausschusssitzungen sind für ProjektleiterInnen nicht immer angenehm: Sie erfordern einen Extraaufwand an Vorbereitung, der dem Projekt auf den ersten Blick nicht direkt nützt. Auch ist der Rechtfertigungszwang für die Projektleiterin vor einem solchen Gremium nicht immer angenehm. Andererseits bietet eine solche Sitzung auch eine große Chance: Wenn der Lenkungsausschuss das Projekt auf einem guten Weg sieht, ist die Rolle der Projektleiterin gestärkt, denn sie leitet ein erfolgreiches Projekt. Als ProjektleiterIn solltest du sowohl das Risiko als auch die Chance des Lenkungsausschusses sehen!

3.4 Projektdokumente

Während des Projektgeschehens musst du mit vielen Informationen umgehen. Du solltest zu deiner eigenen Sicherheit vieles dokumentieren, da schriftliche Informationen nachprüfbar sind.

In diesem Abschnitt werden wichtige Dokumente dargestellt, die während eines Projektes erstellt oder verwaltet werden müssen. Wir unterscheiden dabei zwischen Dokumenten,

1. die den *Vertrag* betreffen,
2. die *fachliche Themen* beleuchten und
3. Dokumente zum *Projektmanagement*.

Vertragliche Dokumente

Wichtige Dokumente mit einem *vertraglichen* Schwerpunkt sind:

- *Ein Angebot*, mit denen sich der Dienstleister bei einem möglichen Kunden um die Projektdurchführung bemüht. Angebote enthalten neben rechtlichen Regelungen jedoch stets auch fachliche Aspekte.
- Ein *Dienstleistungsvertrag* ist die vertragliche Basis zwischen Dienstleister und Auftraggeber. Dieser regelt Rechte und Pflichten zwischen Auftraggeber und Auftragnehmer. Dazu gehört auch die Festlegung, wie genau die Bezahlung zu erfolgen hat.
- Auch die *Rechnungen* des Dienstleisters an den Kunden gehören zu den vertraglich relevanten Dokumenten.
- Schließlich sind die *Abnahmeprotokolle* vertraglich relevant, mit denen der Kunde die ordnungsgemäße Funktion der erstellten IT-Lösung bestätigt.

Fachliche Dokumente

Fachliche Dokumente gehören zum Kernbereich des Projektes. Einige hast du bereits im Kap. 2 kennengelernt: Dies sind zum Beispiel PHDs, Use Case-Diagramme oder BOMs. Diese Dokumente werden unter Umständen während des Projektverlaufs immer weiter verfeinert, sodass es mehrere Versionen gibt.

Auch der *Testplan* ist ein fachliches Dokument, wie du ja schon im Abschn. 1.2.7 studiert hast. Er dient im Projektverlauf dazu, *Testfälle* zu dokumentieren. Testfälle sind die

Datenvorgaben, die man benötigt, um die korrekte Funktionsweise der erstellten Software überprüfen zu können. In der Regel benötigt man eine ganze Reihe von Testfällen. Einige lassen sich aus den Kundenanforderungen ableiten. Andere fallen den beteiligten EntwicklerInnen erst bei Kenntnis des Quellcodes ein.

Das *Pflichtenheft* ist bereits im Abschn. 1.2.3 vorgestellt worden. Dieses Dokument enthält den angestrebten Funktionsumfang der IT-Lösung und wird vom Dienstleister erstellt. Auch das Pflichtenheft kann als ein Dokument mit fachlichem Schwerpunkt betrachtet werden.

Ohne Regelungen zur Dokumentation und zur Namensvergabe könnte es schwierig werden, bestimmte Dokumente wieder zu finden. Jedes Projektteam benötigt daher *Richtlinien zur Dokumentation und zur Namensvergabe*.

Ein weiteres Dokument ist ein *Benutzerhandbuch*. Dieses erläutert einem späteren Benutzer, wie er die Software zu nutzen hat. Je nach Vorwissen der Benutzer muss dieses Dokument mehr oder weniger ausführlich, aber auf jeden Fall allgemeinverständlich gestaltet sein.

Nicht an den Benutzer, sondern an die EntwicklerInnen eines späteren Wartungsprojektes wendet sich die *technische Systemdokumentation*. Sie enthält technische Details und Hinweise, die für die Anpassung notwendig sind. Da diese Art des Dokumentes für IT-ExpertInnen geschrieben wird, ist sie nicht immer allgemeinverständlich.

Dokumente zum Projektmanagement

Ganz am Anfang des Projektgeschehens werden wichtige Festlegungen in einem *Projektauftrag* dokumentiert. Dieses Dokument stellt eine Grundlage für die weitere Planung und das Projektgeschehen dar. Der Projektauftrag wird im folgenden Abschn. 3.4.1 genauer dargestellt.

Jedes Projekt wird geplant. Das dabei entstehende Dokument, der *Projektplan* wird im Abschn. 3.4.2 näher dargestellt.

Eine *Projektübersicht* stellt wesentliche Teile des Projektes auf einem DIN A4 Blatt dar. Gut geeignet ist dieses Dokument für alle, die sich in kurzer Zeit über ein Projekt und dessen Status informieren wollen. Die Projektübersicht wird im Abschn. 3.4.3 dargestellt.

Folgende Dokumente mit Projektmanagement-Schwerpunkt kann es außer den genannten noch geben:

- Das *Änderungsprotokoll* ist ein Dokument, welches im Projektverlauf alle vollzogenen und noch ausstehenden Änderungen am Projektplan übersichtlich darstellt und dokumentiert.
- Einen Bericht des Projektleiters an den Kunden oder den Lenkungsausschuss über die Fortschritte des Projektes nennt man *Projektstatusbericht*. Dieser kann als Textdokument oder als Präsentation vorliegen.

Du siehst: Wenn die Schaffensfreude der Projektbeteiligten groß ist, kann dies zu einer großen Anzahl von Dokumenten führen! Um diese so zu ordnen, dass man sie wiederfindet, kann es unterschiedliche Ansätze geben. Wir stellen eine Möglichkeit in Abschn. 3.4.4 beispielhaft vor.

3.4.1 Projektauftrag

Der Projektauftrag beschreibt, um was es bei dem Projekt im Kern geht. Er dokumentiert ein gemeinsames Verständnis des Projektes beim Auftraggeber und beim Auftragnehmer.

Die Erarbeitung erfolgt in der Projektinitialisierung, auf die wir im Abschn. 3.5.3 zu sprechen kommen.

Folgende wichtige Inhalte sollte der Projektauftrag haben:

- Projektname,
- Eindeutige Beschreibung der Projektziele,
- Rahmenbedingungen,
- Begründung für das Projekt (beispielsweise strategische Aspekte),
- Risikofaktoren,
- Auftraggeber und Auftragnehmer,
- Meilensteinplan mit Aufwänden und Ergebnissen,
- Projektaufwand und Zeitplan,
- Abnahmekriterien,
- Rechtliche Aussagen zum Projekt,
- Projektorganisation (ProjektleiterIn, Gremien, Rollen, Teams),
- Budget, Personalkosten und Sachmittelkosten.

Zum besseren Verständnis der Begriffe werden einige wichtige von ihnen im Folgenden näher erläutert.

Die *Rahmenbedingungen* geben an, auf welche äußeren Bedingungen sich das Projekt einzustellen hat. Es könnte zum Beispiel ein Kostenrahmen vorgegeben sein, der nicht überschritten werden darf. Alternativ könnten bestimmte technische Lösungen (zum Beispiel: Kompatibilität mit einer bestimmten Software) oder auch organisatorische Regeln (zum Beispiel: Zwei Mitarbeiter des Kunden arbeiten im IT-Team mit) festgehalten werden.

Meilensteine sind genau das, was der Name sagt. Immer wenn im Projekt eine wichtige Etappe abgeschlossen wurde und damit neue und wichtige Ergebnisse vorliegen, ist ein neuer Meilenstein erreicht.

Mit Meilensteinen kann ein Projektleiter das Projekt grob strukturieren. Zum Beispiel könnte nach jeder Phase im Kernbereich ein Meilenstein festgelegt werden. Damit wäre ein Grundgerüst für die Planung definiert.

Was es mit Meilensteinen auf sich hat und wie ein Meilensteinplan aussehen kann, werden wir im Abschn. 3.5.4 darstellen.

Risikofaktoren beschreiben mögliche Gefahren für eine planmäßige Projektdurchführung. Wenn zum Beispiel das Wissen über fachliche Zusammenhänge in einem Projekt bei einer einzigen Person liegt, und diese Person nicht zur Verfügung steht, so ist dies ein Risikofaktor. Auch bestimmte Währungsumrechnungskurse könnten für internationale Projekte einen Risikofaktor darstellen.

Um einer Verwechslungsgefahr vorzubeugen: Die Struktur des Projektauftrages findet sich ganz oder teilweise auch in anderen Projektdokumenten. Zum Beispiel ähneln sich der Projektauftrag und die Projektübersicht, die im Abschn. 3.4.4 dargestellt wird. Der Unterschied ist aber der Zweck. Der Projektauftrag ist wesentlich detaillierter als eine Projektübersicht.

Wichtige Teile des Projektauftrages wirst du auch im Pflichtenheft finden.

Es sollte für jedes Projekt ab einer bestimmten Größenordnung ein schriftlicher Projektauftrag erstellt werden. Dieses wichtige Projektdokument kann recht umfangreich sein und vielleicht sogar die Rechtsabteilungen der beteiligten Firmen beschäftigen. Sollte man sich trotz einiger Verhandlungen nicht auf einen gemeinsamen Projektauftrag einigen können, bedeutet dies den Ausstieg aus einem Projekt, bevor es richtig begonnen hat.

Der Projektauftrag ist ein wesentliches Dokument mit großer Wirkung für das Projekt. Es gibt Menschen, die behaupten, dass der Projektauftrag bereits den Keim für den Erfolg oder Misserfolg in sich trägt.

▸ Der Projektauftrag gilt für das gesamte Projekt und bildet das Projektfundament: Verlässlich, belastbar und schwer veränderlich.

3.4.2 Projektplan

Der Projektplan stellt dar, auf welche Weise die Projektziele erreicht werden sollen. Seine Erstellung und Aktualisierung sind Aufgaben des Projektleiters.

Der Projektplan legt die *Arbeitspakete* fest. Diese werden zuweilen auch Vorgänge, Aktivitäten oder Tasks genannt. Arbeitspakete zerlegen die umfangreiche Arbeit für das Projektteam und den Projektleiter in übersichtliche Schritte.

Beispiele für Arbeitspakete sind:

- Festlegung der Projektziele in Zusammenarbeit mit dem Kunden,
- Anlegen der benötigten Datenbanktabellen,
- Programmierung der Schnittstelle zum Lieferanten.

Die Arbeitspakete bilden das Kernstück des Projektplans. Was genau bei der Erstellung zu beachten ist, wird im Abschn. 3.5.4 dargestellt.

Der Projektplan verändert sich unter Umständen täglich. Daher fallen im Projektgeschehen viele Versionen dieses Dokuments an.

3.4.3 Projektübersicht

Die Projektübersicht stellt kurz und knapp wesentliche Inhalte aus dem Projektauftrag und dem Projektplan dar.

Die Projektübersicht in Abb. 3.6. zeigt auf einen Blick, um was es im beschriebenen Projekt mit dem Namen Webshop XXL geht. Der geplante Aufwand sowie die Ab-

Projektübersicht		*Projekt: Webshop XXL*			
Auftraggeber		**Auftragnehmer**			
MBZL GmbH		SWHL GmbH			
Projektleiter Auftraggeber		**Projektleiter Auftragnehmer**			
Herr Mommert		Frau Beitinger			
Projektziele	- Aufbau Internetpräsenz mit Bestellwesen				
	- Anbindung an bestehendes Kundenverwaltungssystem				
Projektaufwand	Ca. 50 Personentage (PT)	**Abrechnungsform**		Nach Aufwand	
Phase	**Ergebnis**	**Aufwand**	**von**	**bis**	**wer**
Konzeption	Pflichtenheft und Testplan sind abgenommen	8 PT	02.02.	06.02.	Team 1
Design	Systementwurf ist definiert	7 PT	08.02.	13.02.	Team 2
Realisierung Internetpräsenz	Webshop ist lauffähig	10 PT	16.02.	06.03.	Team 2
Realisierung Schnittstelle	Schnittstelle sind umgesetzt	12 PT	08.02.	06.03.	Team 1
Testen	Testplan ist erfolgreich abgearbeitet Webshop ist abgenommen	6 PT	09.03.	20.03.	Team 1 + 2
Einführung	Webshop ist online	7 PT	30.03.	08.04.	Team 1
Risiken:	Verfügbarkeit Kundenansprechpartner				
Projektorganisation:	Team 1: Konzeption, Schnittstelle und Einführung				
	Team 2: Architektur und Realisierung				
Rahmenbedingungen:	Fertigstellung Mitte April				

Abb. 3.6 Projektübersicht

rechnungsmodalitäten („nach Aufwand") werden genannt. Außerdem sind die groben Aktivitäten sowie dazu gehörige Aufwandsangaben, Termine und Verantwortlichkeiten dargestellt. Am Ende erscheinen Angaben zu Risiken und zur Projektorganisation.

Die dargestellte Projektübersicht eignet sich gut als Basis für weitere Dokumente. Zum Beispiel könnte durch die Ergänzung weiterer Spalten nicht nur die Planung, sondern auch die bislang geleistete Arbeit dokumentiert werden. Es sind dort noch keine Meilensteine vermerkt. Für diese könnte man eigene Zeilen im Projektablauf vorsehen.

3.4.4 Projektverzeichnis

Angesichts der großen Vielfalt von Dokumenten ist es nicht leicht, die Übersicht zu behalten. Wie können Hunderte von Dokumenten verwaltet werden? Hier gibt es viele Möglichkeiten, die wir nicht alle darstellen können. Die im Folgenden dargestellte Arbeitsweise eignet sich nur für kleine Projekte.

Die Dokumente werden in einem zentralen *Projektverzeichnis gesammelt*. Eine alternative Bezeichnung für Projektverzeichnis ist *Projektakte*. Das Projektverzeichnis liegt oft auf speziellen Rechnern (File-Servern).

In Abb. 3.7 erkennst du, dass einige Verzeichnisse phasenspezifisch angelegt sind. Typische Ergebnisse aus der Konzeption, wie zum Beispiel Schnittstellendiagramme oder auch das Pflichtenheft, könnten im Verzeichnis *Phase1_Konzeption* abgelegt werden. UML-Dokumente, die in der Phase Konzeption begonnen und in der Phase Design weiter verfeinert werden, werden in verschiedenen Versionen abgelegt: Ältere Versionen im Ordner *Phase1_Konzeption* und aktuellere Versionen im Ordner *Phase2_Design*.

Der Ordner *Phase3_Realisierung* wird für die Programme genutzt. Im Beispiel werden zwei Softwareversionen abgelegt. Die älteren sind in ein nicht dargestelltes Archiv, wie zum Beispiel eine CD, ausgelagert worden.

Der Ordner *Phase4_Testen* enthält alle testrelevanten Dokumente wie zum Beispiel den Testplan. Abbildung 3.7 zeigt in den Unterordnern, dass bereits an einen Abnahmetest gedacht wurde: Dessen Planung und die eventuell bereits vorhandenen Protokolle finden sich im Ordner *Abnahmetest*. Im Ordner *Interner Testplan* könnte man alle Ideen und Dokumente sammeln, die während des Projektgeschehens auftauchen und für den Aufbau von Testfällen relevant sind. *Interner Testplan* heißt der Ordner, weil er Testfälle beschreibt, die von dem Abnahmetest mit dem Kunden unabhängig und damit dienstleisterintern sind.

Im Ordner *Phase5_Einführung* könnten zum Beispiel technische Angaben zu den Servern dokumentiert werden, auf denen die IT-Lösung installiert werden soll.

Der Ordner *Phase6_Dokumentation* enthält das Benutzerhandbuch sowie die technische Systemdokumentation.

Das *Projektlogbuch* wird genutzt, um wichtige Ereignisse im Projektgeschehen zu dokumentieren. Wichtige Mails oder Belege über Störungen der Projektinfrastruktur könnten zum Beispiel archiviert werden.

3.4 Projektdokumente

Abb. 3.7 Beispiel für ein Projektverzeichnis

Im Ordner *Projektmanagement* legt der Projektleiter alle wichtigen Dokumente in einzelnen Verzeichnissen ab.

Der Ordner *Vertragsdokumente* dient der Speicherung von vertragsrelevanten Inhalten. Im Unterordner *Ausschreibung* könnten Texte des Kunden abgelegt werden, auf die der Dienstleister mit einem Angebot reagiert hat.

Dargestellt ist in Abb. 3.7 ein konkretes Beispiel für ein Projektverzeichnis. Du erkennst die generelle Struktur der Ablage. Sie ist gegliedert in Projektergebnisse – als Sammelbecken für fachliche Themen –, Projektmanagement und Vertragsdokumente. Folgende allgemeine Überlegungen können bei der Strukturierung von Projektverzeichnissen hilfreich sein:

- Für den projektspezifischen Aufbau eines Projektverzeichnisses sind die Erfahrungen aus einem anderen, ähnlich gelagerten Projekt sinnvoll: Eventuell können dessen Ab-

lage- bzw. Verzeichnisstrukturen als Basis übernommen und den Vorstellungen des Teams angepasst werden.
- Einige Dokumente ändern sich stark und schnell. Es besteht dabei sogar die Gefahr, dass zwei Personen unabhängig voneinander dasselbe Dokument weiterentwickeln. Um eine korrekte Versionsverwaltung zu gewährleisten, ist daher der Einsatz von speziellen Werkzeugen zu überlegen.
- Um dem Leser eines Dokumentes einen Überblick zu geben, welche Änderungen seit der letzten Version vorgenommen wurden, empfiehlt es sich, eine Änderungshistorie an den Anfang jedes Dokumentes zu stellen. Jede Änderung sollte dann an dieser Stelle kurz beschrieben werden. Dies gilt auch für den Quellcode.
- Eine pragmatische Versionierungsmethode ist es, das Erstellungsdatum mit in den Dateinamen aufzunehmen.
- Es kann Projekte geben, in denen zentrale Dokumente nur nach Absprache mit bestimmten Kollegen geändert werden können. Hierfür muss ein Verfahren, zum Beispiel mit Änderungsanträgen, vereinbart werden.
- Nicht jede Person im Projekt muss schreibenden Zugriff auf alle Dokumente haben. Wenn die Projektleitung Zugriffseinschränkungen durchsetzen will, sollte sie auch an die Folgen denken (Administrationsaufwand; Wirkung auf das Projektteam).

In den letzten beiden Abschnitten haben wir Rollen und Dokumente im Projekt vorgestellt. Nun erläutern wir im Abschnitt über das Projektmanagement, wie diese Begriffe genauer zusammenhängen.

3.5 Was ist Projektmanagement?

Dieser Abschnitt widmet sich der Leitung von Projekten. Diese Aufgabe nennt man Projektmanagement. Geleistet wird sie von einer Projektleiterin oder einem Projektleiter.

Nach einem Überblick werden die möglichen Tätigkeiten einer ProjektleiterIn im Detail dargestellt.

Wahrscheinlich weißt du bereits, was Projektmanagement im Prinzip bedeutet, denn du hast sicher schon Projekte durchgeführt. Vielleicht noch kein Haus gebaut, aber dein Zimmer renoviert oder eine Feier organisiert. Dann hast du bereits Vorkenntnisse!

Gemäß Definition der deutschen Industrienorm (DIN 69901) gilt: Projektmanagement bezeichnet die Gesamtheit von Führungsaufgaben, Führungsorganisation, Führungstechniken und Führungsmitteln für die Abwicklung eines Projektes.

Uns sagt diese Definition zu wenig über das Handeln und die konkreten Aufgaben in einem Projekt aus. Wir stellen im Folgenden das Projektmanagement als eine Steuerungsfunktion dar. Wir definieren Projektmanagement als das Planen, das Organisieren und das Kontrollieren von Projektaktivitäten. Unter Organisieren verstehen wir dabei das Veranlassen von Projektaktivitäten.

3.5 Was ist Projektmanagement?

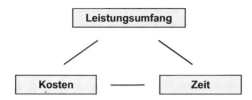

Abb. 3.8 Projektmanagementdreieck

Nach dieser ersten Definition von Projektmanagement kommen wir auf einen weiteren grundlegenden Aspekt, den jeder Hausmann, jede Schülerin und jeder Student mit knapper Kasse als Problem kennt: „Wie bekomme ich mit begrenztem Budget in absehbarer Zeit einen maximalen Nutzen?" Diese Fragestellung kann man als einen Balanceakt bezeichnen. Und den gibt es auch im Zusammenhang mit IT-Projekten.

Dieser Balanceakt wird grafisch als das *Projektmanagementdreieck* dargestellt. In dessen Zusammenhang spricht man von den Begriffen

- *Leistungsumfang*, als die Summe der Leistungen und Ergebnisse, die im Projekt erbracht werden,
- *Kosten* des Projektes und der
- *Zeit*, die für die Projektdurchführung benötigt wird.

Das in Abb. 3.8 dargestellte Projektmanagementdreieck bedeutet: Die Aufgabe des Projektmanagements ist es, mit begrenzten Kosten einen definierten Leistungsumfang innerhalb einer festgelegten Zeit zu erreichen.

Die drei Begriffe Leistungsumfang, Kosten und Zeit stehen miteinander in Verbindung. Das wollen wir noch etwas genauer darstellen. Stell dir vor, dass du ein Dreieck zwischen den drei Begriffen wie ein Stück Papier hin und herschieben kannst (siehe Abb. 3.9).

Es handelt sich dabei um dasselbe Dreieck wie in Abb. 3.8, wobei das in der Mitte dargestellte Dreieck verschiebbar ist.

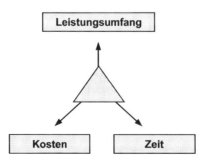

Abb. 3.9 Projektmanagementdreieck – verschiebbar

Dann gilt:

- Wenn das Dreieck in der Mitte stehen bleibt, so symbolisiert dies eine Balance zwischen Leistungsumfang, Kosten und Zeit.
- Wenn der Leistungsumfang größer werden soll, so steigen die Kosten und die benötigte Zeit. In diesem Fall wird das Dreieck nach oben geschoben.
- Wenn die Kosten verringert werden sollen, (du das Dreieck nach links unten schiebst), wird der Leistungsumfang kleiner und ebenfalls die Zeit: Die Terminnot wird größer.
- Wenn eine Projektbeschleunigung angestrebt wird, das Dreieck nach rechts unten verschoben wird, so verringert sich der Leistungsumfang und die Kosten steigen.

Im Projektgeschehen hat das Projektmanagementdreieck folgende wichtige praktische Bedeutung:

- Bei der Planung eines Projektes sollte die Frage im Vordergrund stehen: „Wie schaffe ich es, einen definierten Leistungsumfang mit bestimmten Kosten in einer festgelegten Zeit zu erreichen?" Die Antwort ist dann eine realistische Projektplanung.
- Der Kunde sollte möglichst früh im Projektgeschehen darlegen, an welchem Projektziel er am ehesten Kompromisse zu machen bereit wäre. Zum Beispiel könnte die Antwort des Kunden auf die konkrete Frage antworten: „Ob unser altes System, welches abgelöst wird, noch ein oder zwei Monate länger läuft, ist mir nicht so wichtig. Viel wichtiger ist mir, dass wir ein anständiges neues System bekommen, mit dem wir vernünftig die nächsten Jahre weiterarbeiten können!" Bei einer entsprechenden Situation im Projekt wird der Projektleiter seine Schlüsse ziehen. Am naheliegendsten wäre bei Bedarf, Kompromisse beim Fertigstellungstermin machen. Er wird dann zum Beispiel nicht ohne weiteres das Projektteam erweitern, um mit zusätzlichen Entwicklern den geplanten Fertigstellungstermin einzuhalten.
- Während das Projekt läuft, kann aufgrund von unvorhergesehenen Ereignissen eine Veränderung der Planung notwendig werden. Dann kannst du ablesen, was das bedeutet, und dies mit dem Auftraggeber besprechen. Wenn zum Beispiel im Projekt die Kosten größer werden als geplant, so kann über den Leistungsumfang nachgedacht werden. Vielleicht könnte zum Beispiel ein Teil der Software in einem späteren Projekt realisiert werden. Wenn der Auftraggeber diese Teile nicht sofort benötigt, wäre das ein möglicher Ausweg.

So viel zum berühmten Projektmanagementdreieck, der hilfreichen Visualisierung der drei wichtigen Projektfaktoren Leistungsumfang, Kosten und Zeit.

3.5.1 Grundlegende Begriffe im Projektmanagement

Egal ob ein großes oder ein kleines Projekt, egal ob ein IT- oder ein Bauprojekt: Alle Projekte haben die gleiche Struktur. Jedenfalls aus der Sicht des Projektmanagements. Um

3.5 Was ist Projektmanagement?

die späteren Ausführungen verständlicher zu machen, werden in diesem Abschnitt wichtige Aspekte des Projektmanagements, wie zum Beispiel die Steuerung von Projekten, isoliert betrachtet und ein Überblick gegeben. In den kommenden Abschnitten werden die einzelnen Phasen des Projektmanagements detailliert dargestellt.

Zunächst beschreiben wir folgende Begriffe: Den *Prozess*, die *Steuerung*, den *Regelkreis* und die *Prozessplanung*.

Der Prozess umfasst den Kern der Projektaktivitäten, welche die Projektergebnisse produzieren. Der Kernbereich eines IT-Projektes, wie er im Kap. 1 dargestellt wurde, ist als ein solcher Prozess aufzufassen. Er beinhaltet in der Praxis u. a. das Erstellen von UML-Diagrammen und das Programmieren. Bei einem Bauprojekt besteht der Prozess u. a. aus den Maurertätigkeiten. Ein Prozess in diesem Sinne beinhaltet aber nicht seine eigene Planung: Dafür ist das Projektmanagement zuständig!

Die Steuerung überwacht und steuert den Prozess. Ihr Zweck ist, für einen zielgerichteten Ablauf des überwachten Prozesses zu sorgen. Dazu ein Beispiel:

Stell dir vor, ein Schüler erstellt seine Hausaufgaben. Dies kann als ein Prozess aufgefasst werden. Jetzt kommt die Steuerung hinzu in Form einer Lehrerin, die den Hausaufgabenerstellungsprozess begleitet und dem Schüler über die Schultern schaut. Sie achtet auf Vollständigkeit, fachliche Richtigkeit und Genauigkeit der erstellten Ergebnisse. Sehr wahrscheinlich wird sich eine solche Art der Steuerung positiv auf das schriftliche Endergebnis auswirken. Beachte die Feinheiten: Die Lehrerin erledigt die Hausaufgaben nicht. Sie steuert den Prozess, führt ihn aber nicht aus.

Wenn man Prozess und Steuerung gemeinsam betrachtet, kann man auch von einem Regelkreis sprechen:

Abbildung 3.10 stellt einen einfachen Regelkreis dar. Es wird deutlich, dass dem Prozess Vorgaben von der Steuerung gemacht werden und letztere wiederum Messwerte vom Prozess erhält. Die Vorgaben beziehen sich auf die Prozessaktivitäten. Die Messwerte charakterisieren den Fortgang der Aktivitäten im Prozess.

Im Hausaufgabenbeispiel bekommt der Schüler Rückmeldung von der Lehrerin. Sie liest die frisch erstellten Hausaufgaben durch, erhebt somit Messwerte. Daraus erarbeitet sie Vorgaben für weitere Aktivitäten. Sie könnte Verbesserungen der bisherigen Dokumente fordern und im Extremfall ein erneutes Erstellen von Hausaufgaben durch entspre-

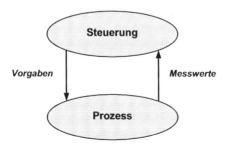

Abb. 3.10 Einfacher Regelkreis

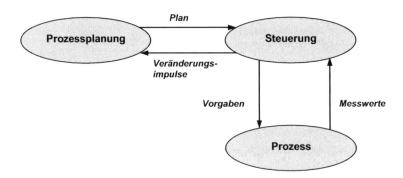

Abb. 3.11 Regelkreis mit Prozessplanung

chende Vorgaben verlangen. Kurz gesagt: Die Lehrerin steuert den Schüler und zusammen bilden beide nicht nur eine Arbeitsgruppe, sondern auch einen Regelkreis.

Der Regelkreis ist übrigens nicht nur in Projekten aller Art zu beobachten. Du begegnest ihm auch, wenn du dich mit biologischen, betrieblichen oder volkswirtschaftlichen Vorgängen beschäftigst.

Nun ergänzen wir das allgemeingültige Prinzip der Steuerung und des Regelkreises um eine Prozessplanung.

Die Aufgabe der Prozessplanung ist, einen Plan zu erstellen. Grundlage dafür ist die Kenntnis der Ziele. Der Plan legt Aktivitäten fest und beschreibt damit genau, was abzulaufen hat und wie der betrachtete Prozess die Ziele erreichen soll. Der Plan ist eine Handlungsanweisung für den Prozess.

Eine Prozessplanung könnte zum Beispiel mit den Überlegungen des Architekten beginnen, in welcher Reihenfolge die Handwerkertätigkeiten beim Hausbau durchgeführt werden sollen, und sie endet mit einem schriftlichen Plan für den Hausbau.

In Abb. 3.11 wird dargestellt, wie die genannten Begriffe zusammenhängen.

Die Elemente der Abb. 3.11 können wie folgt verstanden werden:

- Die Aufgabe der Prozessplanung ist, einen Plan zu erstellen.
- Der Plan geht an die Steuerung. Diese setzt ihn in Vorgaben um und sendet diese an den Prozess.
- Der Prozess richtet sich nach den Vorgaben und damit nach dem Plan. Praxisnäher ausgedrückt: Er versucht, den Durchführungsplan zu erfüllen. Dies gelingt nicht immer!
- Die Steuerung kennt den Plan. Sie bekommt außerdem vom Prozess aktuelle Messwerte. Durch den Abgleich von Plan und Messwerten erkennt die Steuerung, ob Bedarf für eine Veränderung des Plans besteht. Falls dies der Fall ist, gehen entsprechende Veränderungsimpulse an die Prozessplanung, die den Plan in geeigneter Weise anpasst.

Schon jetzt ist klar, wie sich dieses allgemeine Modell des Regelkreises im Projektgeschehen wiederfinden lässt. Der Plan entspricht nämlich dem Projektplan. Und sicher hast

3.5 Was ist Projektmanagement?

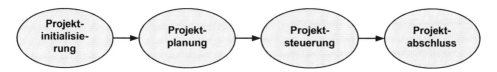

Abb. 3.12 Projektmanagementphasen im Überblick

du schon erraten, dass die Aufgaben der Prozessplanung und Steuerung im realen Leben vom Projektmanagement durchgeführt werden.

3.5.2 Phasen des Projektmanagements im Überblick

Bisher wurden einzelne Aspekte und Aufgaben im Projektmanagement vorgestellt. Jetzt stellen wir den Ablauf des Projektmanagements dar.

Abbildung 3.12 zeigt die vier Projektmanagementphasen und ihre zeitliche Abfolge. Diese Phasen findest du in jedem guten Projekt, egal, ob ein Ozeandampfer oder ein IT-System erstellt wird.

Im Folgenden werden die Projektmanagementphasen kurz im Überblick dargestellt. Anschließend erfolgt ab Abschn. 3.5.3 noch eine genauere Erläuterung.

In der PM-Phase Projektinitialisierung wird das Projekt definiert. Das bedeutet, dass wesentliche Entscheidungen über das Projekt getroffen werden.

In der Projektplanung wird das Projekt geplant. Die Projektleiterin überlegt vor allem, welche Arbeitspakete es gibt und in welcher Reihenfolge diese am besten abzuarbeiten sind.

In der Projektsteuerung wird der Kernbereich des Projektes von dem Projektleiter gesteuert. Die Arbeit des Projektteams im Kernbereich wird durch Vorgaben und Impulse organisiert. Der Status des Projektes wird geprüft und die Planung gegebenenfalls angepasst.

Mit der PM-Phase Projektabschluss endet das Projekt. Die IT-Lösung ist beim Kunden eingeführt. Einige Abschlussarbeiten wie zum Beispiel der Wissenstransfer vom Projektteam auf andere Personen oder das Sichern von wichtigen Projektdokumenten müssen noch erledigt werden.

▶ Projektmanagement ist in der Praxis

- Projektinitialisierung,
- Projektplanung,
- Projektsteuerung,
- Projektabschluss.

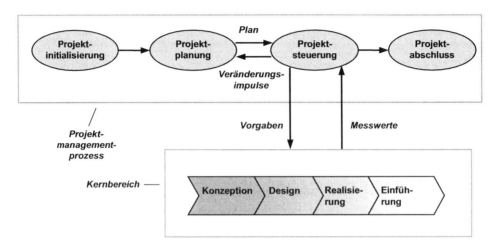

Abb. 3.13 Projektmanagement und Projektphasen

Vielleicht beginnt jetzt ein Verwirrspiel in deinem Kopf: Wir sprechen von Projektphasen wie Konzeption und Design und jetzt von Projektmanagementphasen. Wie hängen diese zusammen und wie kann man diese unterscheiden? Abbildung 3.13 erhellt den Sachverhalt.

In Abb. 3.13 kannst du den Kernbereich sehen, der die verschiedenen Phasen umfasst, die im Kap. 1 dargestellt wurden. Du erkennst ebenfalls, wie diese mit den Projektmanagementphasen zusammenhängen: Die Projektmanagementphase Projektsteuerung bildet zusammen mit dem Kernbereich einen Regelkreis[6].

3.5.3 Projektinitialisierung

Die Projektinitialisierung ist die Geburtsstunde eines Projektes.

Um eine Projektinitialisierung durchführen zu können, muss es eine Vorstellung beim Kunden und beim Auftraggeber vom Projekt geben.

Eine weitere Voraussetzung ist, dass es Interessierte an dem Projektergebnis gibt. Es muss ein Durchführungswille für das Projekt sowohl beim Auftraggeber als auch beim Auftragnehmer vorhanden sein.

Das Ziel der Projektinitialisierung ist, ein gemeinsames Verständnis von Auftraggeber und Auftragnehmer über die Eckpunkte und wichtigen Rahmenbedingungen des Projektes herzustellen.

Das zentrale Ergebnis der Projektinitialisierung ist der Projektauftrag. Im Abschn. 3.4.1 kannst du nachlesen, wie er aussieht.

---

[6] Der dargestellte Regelkreis ist nicht der einzige in einem Projekt! Überlege, wo noch weitere Regelkreise auftauchen können.

3.5 Was ist Projektmanagement?

Vorgehen in der Projektinitialisierung

„So wie am Anfang wird es immer sein" – dieser Merksatz gilt auch für ein Projekt. Er bedeutet: Wenn die Projektinitialisierung ohne Sorgfalt und Liebe zum Detail durchgeführt wird, wird sich dies später im Projektgeschehen negativ auswirken.

In der Regel wird in der Projektinitialisierung eine Projektleiterin festgelegt. Meist einigen sich die am Projekt beteiligten Firmen oder Organisationen sehr früh und schnell auf die Besetzung dieser Rolle.

Eine der ersten Aufgaben der Projektleiterin könnte sein, alle möglichen Informationen über das Projekt zu sammeln und zu sichten. Vielleicht gibt es Unterlagen aus der Auftragsklärung. Dies könnten Gesprächsprotokolle sein. Um sich einen Überblick zu verschaffen, könnte die Projektleiterin auch einige Gespräche führen.

Es müssen die *Schlüsselpersonen* für das Projekt identifiziert werden. Schlüsselpersonen sind Menschen, die ein besonderes Interesse am Projekt haben und deren Meinungen zum Projekt wertvoll sind. Zum Beispiel AbteilungsleiterInnen, die entsprechende Kenntnisse und Erfahrung bezüglich des Projektinhalts haben. Auch die Chefin des Projektleiters und der Manager beim Kunden, dessen Verantwortungsbereich vom geplanten Projekt betroffen ist, sind mögliche Schlüsselpersonen.

Diese Schlüsselpersonen kommen als Mitglieder des Lenkungsausschusses in Frage. In der PM-Phase Projektinitialisierung kommt es jedoch vor allem darauf an, sie zu kennen, um ihre Meinung berücksichtigen zu können.

Eine weitere wichtige Tätigkeit ist die genaue Formulierung der Projektziele. Projektziele sind das Planungsfundament und unterstützen das ergebnisorientierte Handeln im Projekt. Projektziele sind so wichtig für ein Projekt wie ein Motor für ein Auto.

Hintergrundinformation

Hier noch einige Gedanken zu Projektzielen.

Auftraggeber und Auftragnehmer haben nicht selten *unterschiedliche Erwartungen* an ein Projekt. Während zum Beispiel der Auftraggeber meint, ein Geschäftsprozess in seiner Firma läuft dank des neuen Projektes in Zukunft vollautomatisch ab, ist für den Auftragnehmer klar, dass dies nicht der Fall sein wird. Wenn die Projektziele in der Projektinitialisierung sorgfältig formuliert werden, fallen diese unterschiedlichen Erwartungen früh auf und es kann reagiert werden.

Projektziele können, wenn sie entsprechend formuliert sind, die *Messbarkeit des Projekterfolges* erlauben. Wenn sie allgemein gehalten sind und ihre Messbarkeit nicht gegeben ist (zum Beispiel: „Die IT soll modernisiert werden.") gibt es unter Umständen einen Interpretationsspielraum, der für das Projektmanagement ein Risiko darstellt.

Projektziele sollten möglichst *lösungsneutral* dargestellt werden. Dies bedeutet, dass nur der Zustand formuliert werden soll, der angestrebt wird und nicht wie und womit dieser erreicht werden soll. Wenn eine bestimmte Technologie verwendet werden soll, so kann dies natürlich als Projektziel festgehalten werden.

Projektziele können *voneinander abhängen*. Zum Beispiel hängt das Ziel „Erstellung eines neuen IT-Systems" mit dem Ziel „Kundenfreundliche Buchung und Abrechnung" zusammen. Es ist die Aufgabe der Projektleiterin, gemeinsam mit dem Kunden diese Abhängigkeiten zu analysieren.

Projektziele können sich widersprechen. Es ist dann Aufgabe des Projektleiters, zusammen mit dem Kunden die Projektziele zu präzisieren und den Widerspruch aufzulösen. Im Extremfall, wenn zum Beispiel ein großer Leistungsumfang mit einem zu kleinen Budget erreicht werden soll, muss das Projekt gestoppt werden.

Die Ergebnisse der Projektinitialisierung können in einem oder mehreren Workshops mit den Schlüsselpersonen erarbeitet werden. Dabei kommt es darauf an, alle Schlüsselpersonen einzuladen und an einem Ort zu versammeln. Für die Durchführung einer solchen Veranstaltung gibt es spezielle Techniken. Diese erlauben es, dass keine Meinung vergessen wird und alle Teilnehmer sich angemessen einbringen können. Wenn ein Workshop nach solchen ordnenden Regeln durchgeführt wird, spricht man von einem moderierten Workshop. Zu dem zugehörigen Begriff *Moderation* findest du im Internet viele Details.

Man spricht auch von einem *moderierten Kick-Off-Workshop*. Kick-Off bedeutet so viel wie Anstoß. Und weil die Teilnehmenden meist überwiegend aus dem Management kommen, kannst du eine solche Veranstaltung auch als *Management-Kick-Off-Workshop* bezeichnen.

Ein solcher Workshop dient zunächst dem Kennenlernen vom Auftraggeber und Auftragnehmer. Der Moderator, der den Workshop leitet, sorgt dafür, dass das vorliegende Material vorgestellt und von den Anwesenden diskutiert und bewertet wird. Außerdem achtet der Moderator darauf, dass alle Themen, die im Rahmen der Projektinitialisierung festgelegt werden müssen, besprochen und entschieden werden. Thematisch kann er sich dabei an dem Projektauftrag (siehe Abschn. 3.4.1) orientieren.

Das vom Projektleiter erstellte Protokoll des Management-Kick-Off-Workshops stellt eine wichtige Grundlage für den Projektauftrag dar. Um einen Konsens zwischen allen Beteiligten zu bekommen, sollte das Protokoll von allen Anwesenden im Zuge der Workshopnachbereitung geprüft und akzeptiert werden. Dies ist wichtig, damit niemand später sagen kann: „Das ist mir neu!"

Im Idealfall hat der Workshop alle offenen Fragen geklärt, und der Projektauftrag kann formuliert werden. Denkbar ist auch, dass mehrere Treffen notwendig sind. Am Ende der Projektinitialisierung müssen sowohl der Auftraggeber als auch der Auftragnehmer mit allen Inhalten des Projektauftragsdokumentes einverstanden sein.

Oft wird beim Management-Kick-Off-Workshop auch das Projektteam festgelegt. Im Rahmen der Projektinitialisierung ist es die Aufgabe der Projektleiterin, das frisch berufene Projektteam zusammenzurufen und wichtige Dinge zu klären. Weil in dieser Veranstaltung nicht das Management sondern das Projektteam zusammenkommt, spricht man vom *Team-Kick-Off-Workshop*.

Wenn beide Workshops – sowohl der Management- als auch der Team-Kick-Off-Workshop – beendet sind, wissen alle Beteiligten: „Nun geht es los!"

Und was ist mit dem kreativen Projektnamen? Der fällt einem der Beteiligten hoffentlich während der Projektinitialisierung ein!

3.5.4 Projektplanung

Um die Projektplanung durchführen zu können, muss der Projektauftrag vorliegen. Für die Projektplanung sind folgende Inhalte daraus besonders wichtig:

3.5 Was ist Projektmanagement?

- die Projektziele,
- Angaben zu den wichtigsten Meilensteinen,
- der geplante Aufwand,
- Angaben zum geplanten Vorgehen im Projekt.

Um einem möglichen Missverständnis vorzubeugen: Die Projektleiterin hat bereits eine erste Aufwandsplanung in der Projektinitialisierung durchgeführt. Dort hat sie vielleicht geschätzt, dass die Programmierung 25 und das Gesamtprojekt 90 Personentage dauern. Diese Angabe könnte den Eindruck erwecken, die Projektplanung sei schon abgeschlossen. Ist sie aber nicht: Die vorliegenden Angaben müssen verfeinert und dabei auch überprüft werden.

Das Ziel der Projektplanung ist es, eine supergenaue Planung über das zukünftige Projektgeschehen zu erarbeiten und zu dokumentieren. Dazu gehört auch die Planung und Bereitstellung der benötigten Infrastruktur.

Der Projektleiter hat mit Abschluss der Projektplanung folgende Ergebnisse erarbeitet:

- einen genauen und durchdachten Projektplan,
- die Infrastruktur für die Arbeit des Projektteams ist aufgebaut und steht bereit.

Vorgehen in der Projektplanung
Ausgangssituation für die Projektplanung ist die erste Meilensteinplanung aus der PM-Phase Projektinitialisierung.

Im Beispiel in Abb. 3.14 ist jede Phase als ein Arbeitspaket (AP) definiert. Nach jeder Phase folgt ein Meilenstein (MS). Ebenfalls liegen Aufwandsangaben in Personentagen (PT) vor. Es gibt noch keine Angaben zu Terminen, und es ist noch nicht klar, welche und wie viele Personen zu welchem Zeitpunkt und wie lange mitarbeiten werden.

Aus dieser Meilensteinplanung wird der Projektplan entwickelt. Es gibt dafür unterschiedliche Vorgehensweisen, von denen wir hier nur eine darstellen können.

Es ist die Aufgabe des Projektleiters, über die Planungsgenauigkeit zu entscheiden. Darunter versteht man die Aufteilung der dargestellten Personentage in viele kleine oder in wenige große Arbeitspakete.

Der im Rahmen der Projektplanung erstellte Projektplan definiert Arbeitspakete. In Abb. 3.15 findest du ein Beispiel.

		Projektschritte/Meilensteine	*PT*
	AP 1	Konzeption	8
MS 1		Pflichtenheft liegt vor und ist abgenommen	
	AP 2	Design	14
MS 2		Soft- und Hardware-Architektur liegen fest	

Abb. 3.14 Beispiel für eine Meilensteinplanung (Auszug)

Arbeitspakete und -aufgaben		PT	Verantwortlich
AP 1	Konzeption		
	AP 1-3 Dokumentation des Workshops sowie Erstellung des Pflichtenheftes	2	Projektleiter

Abb. 3.15 Beispiel für ein Arbeitspaket

Das in Abb. 3.15 dargestellte Arbeitspaket mit der Bezeichnung AP 1-3 definiert die Nachbereitung eines Workshops, bei dem die Inhalte eines Pflichtenheftes zu erstellen sind.

Wie aus Abb. 3.15 ersichtlich ist, hat ein Arbeitspaket eine Reihe von Eigenschaften.

- Ein Arbeitspaket hat eine eindeutige *Identifikation*, beispielsweise einen Namen oder ein Kürzel („AP 1-3").
- Ein Arbeitspaket hat eine *Beschreibung*, die knapp darlegt, was zu tun ist.
- Ein Arbeitspaket benötigt zur Durchführung einen gewissen *Arbeitsaufwand*. Diesen kann man in Personentagen (PT) angeben. Zu dessen Festlegung werden Erfahrungs- und Schätzwerte im Rahmen der Projektplanung herangezogen.
- Ein Arbeitspaket hat einen *Verantwortlichen*. Dies könnte der Projektleiter oder ein Projektteammitglied sein. Dieser Verantwortliche sorgt für die erfolgreiche Abwicklung dieses Arbeitspaketes und ist damit für das Ergebnis zuständig.
- Für die Erledigung eines Arbeitspaketes können *Ressourcen* notwendig sein. Dies sind zum Beispiel technische Experten wie Datenbankspezialisten. Als Ressourcen kommen aber auch Räume oder technisches Gerät, wie zum Beispiel Server, in Frage. Da im Beispiel aus Abb. 3.15 keine weiteren Ressourcen außer einer normalen Arbeitsplatzgrundausstattung notwendig sind, werden diese auch nicht genannt.
- Ein Arbeitspaket kann eine Datumsangabe haben, zum Beispiel einen geplanten *Endtermin*. Da dieser erst während der später erfolgenden Terminplanung festgelegt wird, erscheint er nicht in Abb. 3.15.

Die Aufgabe des Projektleiters in der Phase Projektplanung ist unter anderem die Definition der Arbeitspakete. Folgende Dinge muss er dazu klären bzw. entscheiden:

- Wie sieht die bisherige grobe Planung aus der PM-Phase Projektinitialisierung aus?
- Welche Arbeitspakete gibt es?
- Wie viele Personentage benötigt man für die Abarbeitung jedes Arbeitspaketes?
- Welche Projektteammitglieder und andere Ressourcen stehen zur Verfügung?
- Wie viele Personen arbeiten gemeinsam an einem Arbeitspaket?
- Gibt es besondere Ereignisse wie zum Beispiel die Treffen des Lenkungsausschusses, die in der Planung zu berücksichtigen sind?

3.5 Was ist Projektmanagement?

- Was ist die sinnvolle Reihenfolge für die Arbeitspakte?
- Welche Arbeitspakete können parallel ablaufen?

Es gibt Arbeitspakete, die in Bezug auf das Ergebnis aufeinander aufbauen und die daher nacheinander durchgeführt werden müssen. Zum Beispiel ist die Erstellung eines BOMs nicht gleichzeitig mit der Definition der dazu gehörenden Datenbankstrukturen möglich. Erst muss das BOM in ausreichender Genauigkeit vorliegen, dann kann es in einer Datenbank umgesetzt werden. Entsprechende Arbeitspakete dürfen nicht parallel geplant werden, sondern müssen nacheinander ablaufen.

Um zügig mit einem Projekt fertig zu werden, sollten Arbeitspakete möglichst parallel bearbeitet werden. Das ist nur dann möglich, wenn das Ergebnis eines Arbeitspaketes nicht direkte oder indirekte Voraussetzung für den Beginn des anderen Arbeitspaketes ist.

Ein weiterer Grund, dass zwei Arbeitspakete nicht parallel ablaufen können, ist die mangelnde Ressourcenverfügbarkeit. Stell dir vor, es gibt zwei parallele Arbeitspakete, die beide als Ressource den einzig verfügbaren Datenbankspezialisten benötigen. In diesem Fall kann der Projektleiter die beiden Arbeitspakete nicht parallel, sondern nur hintereinander planen.

Parallele Arbeitspakte können dazu führen, dass im geplanten Projektablauf zwangsläufig Pufferzeiten auftreten. Was darunter zu verstehen ist, erläutern wir anhand eines Beispiels.

Abbildung 3.16 geht von folgendem Fall aus: Wenn das Arbeitspaket AP 3 erledigt wurde, können die Arbeitspakete mit den Bezeichnungen AP 4 und AP 5 auf den Ergebnissen aufbauend starten. Beide Arbeitspakete werden jeweils von einer Person durchgeführt, und beide erfordern unterschiedlichen Aufwand für ihre Erledigung. Nach der Erledigung beider Arbeitspakete sollen beide Personen gemeinsam an AP 6 weiterarbeiten. Aus dem Beispiel folgt, dass eine Person drei Tage lang auf die Beendigung des AP 4 warten muss. Diese drei Tage nennt man Puffer. Eine Aufgabe in der Projektplanung besteht darin, Puffer, die eine reine Wartezeit bedeuten, zu minimieren.

Nachdem Arbeitspakete mit ihrem Aufwand und ihren Ressourcen festliegen, kann eine konkrete Terminplanung beginnen. Die Termine ergeben sich durch den Startzeitpunkt und den Aufwand der Arbeitspakete. Daraus würde sich sehr einfach der voraussichtliche Fertigstellungstermin feststellen lassen. Der Projektleiter sollte jedoch vorsichtig sein

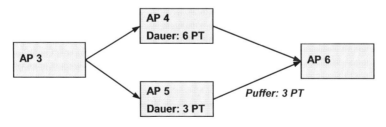

Abb. 3.16 Beispiel für Pufferzeit

Arbeitspakete und -aufgaben			Endtermin	PT	Verantwortlichkeiten	
					MA 1	*MA 2*
AP 2		Design	13.03.	14		
	AP 2-1	Verfeinerung der Use-Case-Diagramme	02.03.	3	x	
	AP 2-2	Entwurf Datenbank Design	04.03.	3	x	
	AP 2-3	Entwurf eines Dialogdesigns	09.03.	3		x
	AP 2-4	Entwurf der Programmlogik		5	x	x

Abb. 3.17 Arbeitspakete mit Terminangaben

und überlegen, was passieren soll, wenn sich das Projektgeschehen nicht nach dem Plan richtet.

Damit Störungen keine Auswirkungen auf den Fertigstellungstermin haben, sind Zeitpuffer in der Projektplanung ein gutes Hilfsmittel. Als erfahrene Projektleiterin wirst du somit beim Festlegen von Terminen an etwas Luft – sprich Puffer – in der Planung denken. Dies bedeutet, dass nach jedem Arbeitspaket etwas Puffer zum nachfolgenden Arbeitspaket eingeplant wird. Alternativ könnten statt vieler kleiner Puffer auch wenige größere Puffer in das geplante Projektgeschehen eingeplant werden. Zeitpuffer haben wiederum auch Risiken: Wenn du zu viele davon einplanst, kann sich das Projekt aufgrund der längeren Laufzeit von selbst erledigen, weil es dem Kunden zu lange dauert. Außerdem sorgen Puffer dafür, dass Projektmitarbeiter unter Umständen nicht kontinuierlich am Projekt arbeiten können. Dann gilt das geflügeltes Wort unter Projekterfahrenen: „Diskontinuität ist Projektfeind Nummer eins." Dieser Satz meint, dass das gesamte Projekt leidet, wenn man nicht kontinuierlich an einem Thema arbeiten kann. Das leuchtet ein. Deshalb hier noch mal mit besonderer Betonung:

▶ Diskontinuität ist Projektfeind Nummer eins.

Parallelität von Arbeitspaketen, Ressourcenengpässe und auch der Einsatz von Pufferzeiten sind wichtige Themen, wenn die Reihenfolge von Arbeitspaketen festgelegt und die Terminplanung konkretisiert wird. Die Arbeit an einem Projektplan kann teilweise mit dem Lösen eines Puzzles verglichen werden. Es gibt häufig mehrere Planungsvarianten, die ausprobiert und wieder verworfen werden müssen. Das Ergebnis dieser Bemühungen könnte wie in folgender Abb. 3.17 aussehen.

Abbildung 3.17 zeigt Arbeitspakete und deren Reihenfolge auf. Deutlich kannst du erkennen, dass für jedes Arbeitspaket ein Endtermin geplant ist. Außerdem erkennst du, welche Mitarbeiter (MA1 und MA2) für die Arbeitspakete zuständig sind.

3.5 Was ist Projektmanagement?

Wenn ein Projektplan wie in Abb. 3.17 für ein ganzes Projekt fertig erstellt ist, so sind sowohl der Ablauf als auch die Ressourcen geplant. Man sagt dann: „Die *Ablaufplanung* und die *Ressourcenplanung* sind erledigt."

Um das Projektbudget immer im Blick zu haben, hilft dem Projektleiter die *Kostenplanung*. In deren Rahmen wird ermittelt, welche Kosten in welcher Höhe durch das Projekt anfallen werden. Wir können das Thema Kosten im Rahmen dieses Buches nicht vertiefen. Aber dir sollte klar sein, dass es in einem Projekt u. a. um folgende Kosten geht:

- Personalkosten der Projektbeteiligten auf der Auftragnehmerseite,
- Abschreibungskosten für Hardware,
- Lizenzkosten,
- Arbeitsplatzkosten wie Miete, Heizung und Telefon.

Meist musst du als Projektleiterin diese Kosten nicht im Einzelnen ermitteln. Im Unternehmen gibt es für die Projektkalkulation vorgegebene Pauschalsätze, mit welchen Kosten ein Arbeitstag eines Entwicklers oder einer Softwarearchitektin anzusetzen ist. Diese Pauschalsätze enthalten neben den Lohnkosten auch Büro- und PC-Kosten. Außerdem werden bei der Festlegung der Pauschalsätze die Kosten für die Geschäftsführung, für Assistenzen, für das Sicherheitspersonal usw. eingerechnet. Auch die jährliche Betriebsfeier sollte nicht vergessen werden!

Mit diesem Pauschalsatz wird in der Projektplanung kalkuliert. Kosten, die durch den Pauschalsatz nicht abgedeckt werden (zum Beispiel Kosten für eine spezielle Software), müssen vom Projektleiter dann gesondert geplant und kalkuliert werden.

Hintergrundinformation
Hat jedes Projekt einen Projektplan oder mehrere Projektpläne?

Ein Projekt hat einen Projektplan, auf den es mehrere Sichten gibt, wie auf den Stundenplan in einer Schule: Jede Schule verfügt über einen zentralen Stundenplan. Aus diesem zentralen Stundenplan werden die individuellen Stundenpläne sowohl für jede Lehrerin als auch für jede Klasse abgeleitet. Bei einem Projektplan ist das ähnlich. Dieser ist ein zentrales Dokument, das nach unterschiedlichen Kriterien ausgewertet und aus dem mehrere Pläne abgeleitet werden können. Die abgeleiteten Pläne kann man *Sichten* nennen. Es gibt somit mehrere Sichten auf den Projektplan. Eine Sicht kann zum Beispiel die eines Projektmitarbeiters sein. Seine Sicht zeigt ihm auf, für welche Arbeitspakete er verantwortlich ist.

Mit spezieller Projektmanagementsoftware können Projektpläne mit Arbeitspaketen, Ressourcen, Terminen und Kosten verwaltet werden. Außerdem können nahezu beliebige Sichten bzw. Auswertungen erstellt werden. Da diese Art von Software ein gewisses Können im Umgang erfordert und bei Bedienungsfehlern das Risiko hoch ist, sollte jeder Projektleiter an entsprechenden Werkzeugschulungen teilnehmen.

Ob eine qualitative Verbesserung des Projektgeschehens durch den Werkzeugeinsatz einer speziellen Projektmanagementsoftware möglich ist, bleibt unseres Erachtens fraglich. Wenn es im Projekt knirscht, Probleme irgendwelcher Art auftreten, so ist echtes, menschliches Projektmanagement gefordert und kein Werkzeug. Und: Für ein solides Projektmanagement reichen normale Office-Programme mit entsprechenden Vorlagen aus. Bei größeren Projekten, die gegebenenfalls auch international aufgestellt sind, kann über aufwändigere Programme für das Verwalten des Projektplans nachgedacht werden.

Ein Projektteam ist ohne spezielle Ausstattung nicht arbeitsfähig. Genau wie ein Automechaniker Schraubenzieher und Schraubenschlüssel sowie eine Werkstatt benötigt, benötigen IT-Projektteams ihre Werkzeuge und ihre speziell ausgestatteten Arbeitsplätze. Diese notwendige Basisausstattung nennt man Infrastruktur. In IT-Projekten ist folgende Infrastruktur notwendig:

- Räume, in denen das Projekt durchgeführt wird,
- Büroausstattung mit Arbeitstischen und Telefonen,
- PCs mit einer Softwareausstattung für das jeweilige IT-Projekt,
- Entsprechende Server bzw. Serveranbindung zur Datenhaltung und für Programmtests.

In der PM-Phase Projektplanung muss sich der Projektleiter um die Bereitstellung der Infrastruktur kümmern. In vielen Fällen wird sie vorhanden sein und es wird höchstens noch um die Anschaffung spezieller Software gehen. Im Extremfall kann dies auch bedeuten, dass Räume angemietet und die komplette Büroausstattung angeschafft werden muss. Die notwendigen Infrastrukturmaßnahmen müssen in der Kostenplanung berücksichtigt werden.

Wir wollen dich am Ende dieses Abschnitts an das liebe Geld und die vertraglichen Grundlagen des Projektgeschehens erinnern: Die Projektplanung ist ein aufwändiger Vorgang und kostet Zeit und Geld. Es ist daher wichtig, dass der Kunde für diese Planungstätigkeiten aufkommt.

Je nach Projekt gibt es verbindliche Absprachen oder Verträge zwischen Auftragnehmer und Auftraggeber über die Projektdurchführung. Es ist wünschenswert, möglichst früh im Projektgeschehen eine solche Vereinbarung zu treffen. Ein idealer Zeitpunkt wäre am Ende der Projektinitialisierung. Wenn erst am Ende der Projektplanung eine solche Absprache erfolgt, kann dies ein großes Risiko darstellen.

▶ Fange als ProjektleiterIn nicht mit Projektaktivitäten an, ohne eine Kostenübernahmezusage vom Kunden bekommen zu haben.

3.5.5 Projektsteuerung

Die Voraussetzungen für die Projektsteuerung sind:

- Der Projektauftrag und der Projektplan liegen vor.
- Das Projektteam ist zusammengestellt und über das Projekt informiert.
- Die Infrastruktur für das Projektteam ist gegeben.

3.5 Was ist Projektmanagement?

Die Projektsteuerung beginnt gemeinsam mit dem Kernbereich des Projektes. Jetzt geht es mit dem Kern der Sache los: Das IT-System wird konzipiert und programmiert. Die Projektsteuerung dauert an, so lange es Aktivitäten im Kernbereich gibt – sie ist daher meist die PM-Phase, die am längsten dauert.

Die Ziele der Projektsteuerung sind:

- Geeignete Vorgaben an den Kernbereich des Projektes zu machen,
- Messwerte aus dem Kernbereich des Projektes aufzunehmen,
- Bedarfsgerecht die Planung anzupassen,
- Überarbeitete Vorgaben für den Kernbereich des Projektes zu liefern.

Ein geordneter Ablauf des Projektes in den Phasen des Kernbereichs sowie das Erreichen der angestrebten Projektergebnisse sind die Ergebnisse dieser Projektmanagementphase. Das Wissen über den aktuellen Projektstatus ist dafür unerlässlich.

Vorgehen in der Projektsteuerung
Folgende Aufgaben müssen von der Projektleiterin im Rahmen der Projektsteuerung erledigt werden.

- Arbeitspakete müssen an die jeweiligen Verantwortlichen verteilt werden.
- Der Projektfortschritt muss erhoben werden.
- Der Projektplan muss konsistent gehalten werden.
- Die Änderungsdurchführung muss organisiert werden.
- Über das Projekt muss bei verschiedenen Stellen berichtet werden.

Diese Aufgaben verlangen von der Projektleiterin viel ab. Auch Durchsetzungskraft. Wir stellen sie im Folgenden näher vor.

Als Projektleiter ist es deine Aufgabe, die Arbeitspakete auf die im Projektplan festgelegten Verantwortlichen zu verteilen. Dabei muss dem verantwortlichen Teammitglied das Arbeitspaket und das Umfeld erläutert werden. Zum Beispiel ist zu erklären, auf welchen Ergebnissen bzw. Dokumenten das Arbeitspaket aufsetzen soll.

Als Projektleiter musst du stets den Status des Projektes kennen. Du musst wissen, ob die Projektziele voraussichtlich mit dem veranschlagten Budget erreicht werden können. Dazu brauchst du Informationen über die Situation in den verschiedenen Arbeitspakten. Diese haben wir im Zusammenhang mit dem Regelkreis als Messwerte bezeichnet.

Abbildung 3.18 stellt den Status eines Arbeitspaketes dar. Folgendes ist zu sehen.

Ursprünglich war das Arbeitspaket AP 2-2 mit drei Personentagen geschätzt worden. Bislang sind zwei Arbeitstage davon geleistet worden. Das Arbeitspaket ist offensichtlich noch nicht beendet: Es gibt einen Restaufwand von zwei Personentagen. Voraussichtlich wird somit die Erledigung vier Personentage dauern. Der Endtermin verschiebt sich dementsprechend. Wegen der Zeitüberschreitung wird der Vorgang als kritisch dargestellt.

Arbeits-paket	Aufwand Plan in PT	Aufwand Ist in PT	geschätz-ter Rest-aufwand in PT	Fertig-stellung urspr. Plan	Fertig-stellung akt. Plan	Status
AP 2-2 Entwurf Datenbank Design	3	2	2	4.3	5.3	kritisch

Abb. 3.18 Status Arbeitspaket

Die Aufgabe des Projektleiters im Rahmen der Projektsteuerung ist, von den Teammitgliedern die notwendigen Angaben über die Arbeitspakete zu bekommen. Er wird daher jedem Teammitglied regelmäßig folgende Fragen stellen:

- Wie weit sind Sie mit dem Arbeitspaket?
- Wie lange werden Sie voraussichtlich noch brauchen?

Eine entsprechende Auswertung über alle Arbeitspakete ermöglicht dann eine Aussage zum Projektstatus.

In der Regel wird sich der Projektleiter aktiv um die Informationen bemühen und auf die Teammitglieder zugehen.

Jeder Projektmitarbeiter ist verpflichtet, den Projektleiter umgehend zu informieren, wenn er Wissen über Tatbestände erlangt, welche für den Projekterfolg kritisch werden können. Solltest du als Teammitglied zum Beispiel erkennen, dass etwas länger dauert als geplant oder gar, dass ein Projektrisiko auftaucht, dann sprich gleich den Projektleiter an und warte nicht, bis er dich fragt. Dies könnte zum Beispiel der Fall sein, wenn du erkennst, dass die einzusetzende Software eines Lieferanten nicht für den Projektzweck zu gebrauchen ist.

Im Projektgeschehen passieren nicht selten Überraschungen. Zum Beispiel könnte sich der Einsatz des neuen Datenbankservers wegen Lieferschwierigkeiten erheblich verzögern. Um die Planung daran anzupassen, sind an verschiedenen Stellen im Projektplan aufeinander abgestimmte Änderungen durchzuführen. Dies dient dem Ziel, den Projektplan konsistent zu halten.

Unter Änderungen[7] versteht man Wünsche des Kunden, die nach abgeschlossener Projektplanung an den Projektleiter herangetragen werden. Das Projektmanagement muss mit diesen Änderungswünschen umgehen[8]. Dabei gilt Folgendes:

---

[7] Manchmal triffst du auf den englischen Namen: change (engl.) = Änderung.
[8] Das nennen Freunde der englischen Sprache *Change Management*.

3.5 Was ist Projektmanagement?

- Es ist klug, Regelungen zu treffen, wie mit solchen Änderungen verfahren wird. Diese könnten schon während der Projektinitialisierung zwischen Auftraggeber und Auftragnehmer festgelegt werden.
- Ob einem Änderungswunsch entsprochen wird, hängt von den Abmachungen oder Verträgen ab. Änderungswünsche, die sich im Rahmen des Projektauftrages bewegen, werden sicherlich vom Projektleiter ohne Rücksprache berücksichtigt werden. Bei größeren Änderungen ist eventuell der Lenkungsausschuss einzuschalten oder es sind ausführliche Gespräche mit dem Kunden zu führen. Dabei wird der Projektleiter auch die möglichen Konsequenzen des Änderungswunsches darstellen.
- Egal, ob es eine umfangreiche oder eine kleinere Änderung ist: Der Projektleiter sollte alle Änderungswünsche und deren Konsequenzen in dem Änderungsprotokoll, das in Abschn. 3.4 erwähnt wurde, dokumentieren. Es kann nämlich sein, dass später im Projektgeschehen der Projektleiter ohne entsprechende Aufzeichnungen in einen Rechtfertigungszwang gerät. Er könnte vom Kunden gefragt werden, warum die Projektdurchführung teurer geworden ist als ursprünglich geplant.

Eine weitere Aufgabe in der Phase Projektsteuerung ist, über das Projekt zu berichten. Dem Auftraggeber gegenüber kann dies vereinbarungsgemäß in Form von schriftlichen Berichten oder bei speziellen Zusammenkünften geschehen. Auch dem Lenkungsausschuss ist zu berichten. Je nach Interesse der Beteiligten kann über ein Projekt unternehmensintern oder in der Öffentlichkeit (Internetpräsenz, in Fachzeitschriften) berichtet werden.

Du kannst das Berichten über dein Projekt als lästig empfinden. Du kannst es aber auch als Chance sehen: Für einen Bericht musst du den Projektstatus aufarbeiten und deine Gedanken zu dem Projekt ordnen. Beides kann dir wichtige neue Erkenntnisse und Impulse geben.

Bislang haben wir die Aufgaben in der Projektsteuerung dargestellt. Im Folgenden geht es um die möglichen Herausforderungen für eine Projektleiterin.

Ungeplante Situationen, auch Störungen genannt, gehören zu Projekten wie das Salz zur Suppe. Einige Beispiele:

- Ein Vertreter des Auftraggebers verlangt plötzlich eine Kostenreduktion des in Auftrag gegebenen Projektes. Er äußert sich abfällig über die bisher im Projektgeschehen erarbeiteten Ergebnisse.
- Der neue Kollege im Entwicklerteam beherrscht die verwendete Datenbanktechnologie nicht so perfekt, wie er anfangs vorgegeben hat.
- Der Auftraggeber hat für notwendige Termine zur Klärung von Fachfragen mit dem IT-Dienstleister keine Zeit. Am Telefon wirkt er ungehalten. Das Entwicklerteam kann nicht weiterarbeiten, solange die Fragen nicht geklärt sind.
- Ein Kollege aus einem Entwicklerteam, der einen wichtigen Teil programmieren sollte, meldet unerwartet Urlaub an.

Unter den genannten Beispielen gibt es Störungen, die vermutlich auf der persönlichen Ebene liegen. Die klassische Frage der Projektleiterin ist, ob und wie sie sich vor solchen Situationen schützen kann.

Es geht hier um sogenannte *weiche Faktoren*[9], die in jedem Projektgeschehen eine wesentliche Rolle spielen. Immer, wenn Menschen beteiligt sind, regieren auch typisch menschliche Eigenschaften in die Projekte hinein. Das Wissen über weiche Faktoren ist keine Garantie für den Projekterfolg. Jedoch wird die Projektdurchführung durch dieses Wissen leichter.

Es ist bekannt, dass weiche Faktoren einen erheblichen Anteil am Projekterfolg haben. Projektleiter müssen daher Bescheid wissen über Fragen wie zum Beispiel:

- Wie fördere ich Vertrauen beim Kunden und im Team?
- Welche Bedürfnisse der Teammitglieder und des Kunden sollte ich beachten?
- Wie gehe ich mit Konflikten um?
- Wie motiviere ich?

Die Antworten auf diese interessanten Fragen können wir im Rahmen dieses Buches nicht liefern. Wir empfehlen, dieses Thema zu vertiefen. Du könntest daher den Buchhändler deines Vertrauens fragen.

3.5.6 Projektabschluss

Die Voraussetzungen für den Projektabschluss sind, dass die Projektziele erreicht wurden und der Kunde die IT-Lösung abgenommen hat.

Das Ziel des Projektabschlusses ist es, das Projekt vertragsgemäß zu beenden. Als Ergebnis liegen einige Dokumente vor, die den Projektabschluss und Schlussfolgerungen für folgende Projekte beinhalten.

Bevor der Projektleiter das Projekt endgültig abschließen kann, muss er sich um folgende Dinge kümmern.

- Das Projekt sollte mit einer Rückschau für alle Beteiligten beendet werden. Dies kann im Rahmen einer Projektabschlusssitzung erfolgen, zu der alle ProjektmitarbeiterInnen eingeladen werden. Themen einer solchen Sitzung sind fachliche und persönliche Erkenntnisse in Bezug auf das abgeschlossene Projekt. Jeder Einzelne kann daraus lernen und die Organisation kann dadurch profitieren[10]. Wenn es dabei an Offenheit der Beteiligten fehlt, auch über eigene Fehlentscheidungen zu sprechen, ist der Lerneffekt sicher nicht groß.
- Alle Dokumente und auch die erstellten Programme müssen archiviert werden. Eventuell gibt es zu diesem Punkt vertragliche Regeln mit dem Auftraggeber.

---

[9] Weiche Faktoren nennt man auch *soft facts*.
[10] Freunde der englischen Sprache sprechen von den lessons learned (engl.) = gelernte Lektionen.

- Die Teammitglieder kennen sich nach Erstellung der IT-Lösung mit dem System sehr gut aus. Wenn der IT-Dienstleister an Wartungsprojekten interessiert ist, liegt es nahe, dass zumindest Teile des Teams die *Wartungstätigkeiten* übernehmen. Für den Kunden sind entsprechende Angebote zu erarbeiten. Es kann auch um eine Nachbetrachtung in Richtung zukünftiger Geschäfte gehen.
- Es wird geprüft, welche im Projektverlauf erstellten Komponenten und Lösungen für andere Projekte ebenfalls interessant sein könnten. Um eine Wiederverwertbarkeit zu ermöglichen, müssen diese in eine projektübergreifende Dokumentation aufgenommen werden.
- Es muss geklärt werden, was mit jedem Teammitglied nach Projektende geschieht. Gegebenenfalls müssen Verträge überprüft, Zwischenregelungen getroffen und Vertragskündigungen vorgenommen werden.

Das war's zum Projektmanagement. Jetzt sollst du das Projektgeschehen noch einmal von einer anderen Seite kennen lernen.

3.6 Projektpraxis

Hier bekommst du einige Einblicke in die Praxis von IT-Projekten und lernst Akteure kennen.

Franziska
Zunächst ist da Franziska. Sie arbeitet seit einigen Jahren in der IT. Sie leitet IT-Projekte für unterschiedliche Kunden. Regelmäßig trifft sie sich in gemütlicher Runde mit anderen ProjektleiterInnen und KollegInnen aus der IT zum Erfahrungsaustausch. An diesen nehmen auch Nachwuchskräfte teil.

Im Folgenden sind Einstellungen und Erfahrungen die sie bei unterschiedlichen Treffen gewonnen hat, dokumentiert. Franziska meint, dass man von Vorbildern gut und aus Fehlern noch besser lernen kann.

Die genannten Erfahrungen haben etwas mit diesem Buch zu tun. Sie sind angelehnt an die besprochenen Themen in diesem Buch und können daher zur Wiederholung und Nachdenken dienen.

Lennart und der Spannungsbogen
Lennart hat sich während des Studiums ausführlich mit Softwareerstellung beschäftigt. Er leitet nun IT-Projekte. Er erzählte: „Als Student ging ich ziemlich naiv an die Softwareerstellung ran. Man dachte nicht so richtig darüber nach, wann ein Projekt startet und wann denn nun ein Projekt wirklich zu Ende ist. Ich war verblüfft, wie viel mehr Aufwand hinter einem IT-Projekt in dem betrieblichen Umfeld steht. Am Anfang muss man sich mit den Kunden auf das Ziel und das Vorgehen einigen, alles aufschreiben und am Schluss nachweisen, dass alles dem entspricht. Echt kompliziert. ‚Abnahme' oder ‚Test

der Programme mit dem Auftraggeber' habe ich erst nach dem Studium gelernt." Lennart bringt es auf den Punkt: „Den Spannungsbogen, das Denken vom Anfang bis an das Projektende, muss man immer beachten".

Wann spricht man überhaupt von einem Spannungsbogen? Vielleicht im Krimi? Wo vielleicht ein Kommissarin viel Arbeit und Herzblut in die Tätersuche steckt? Wo ganz am Ende sich herausstellt, ob ihre Arbeit erfolgreich war? Was hat ein solcher Spannungsbogen mit dem von Projekten gemeinsam?

Im Krimi ist es meist ein Mordfall, der am Anfang steht. Was ist dies in einem Projekt? Und auf was läuft ein Projekt hinaus? Was steht am Ende eines Projektes?

Kann dir vielleicht das Basismodell aus Kap. 1 hilfreich sein oder vielleicht auch Kap. 3 im Abschnitt zu dem Projektmanagement?

Vielleicht ist es auch hilfreich, wenn du an einen Wettlauf denkst. Dort gibt es u. a. einen Start, ein Ziel und eine Ziellinie.

Solltest du dich hierzu noch einmal informieren wollen, so lies im Kap. 1 noch einmal nach. Merk dir, dass am Anfang eines Projektes überlegt werden muss, wann dies zu Ende ist. In der Regel sollte die Auftraggeberin entscheiden, ob die erstellte IT-Lösung funktioniert, wie sie soll. Die dazu notwendigen Aktivitäten sind zu organisieren. Denke auch daran, dass nach der Abnahme weitere Aktivitäten im Rahmen des Projektabschlusses (siehe Kap. 3 unter Projektmanagement) durchgeführt werden müssen.

Julia und das Basismodell

Julia macht eine IT-Ausbildung. Am Ende der Ausbildung muss sie eine Projektdokumentation erstellen. Dies ist ein Text bzw. ein Aufsatz, bei dem sie ihr Vorgehen in einem Projekt erklären soll. Natürlich will sie eine gute Note erreichen und fragt, wie man denn eine solche Projektdokumentation am besten strukturiert. Franziska gab ihr folgenden Tipp:: „Such dir ein Vorgehensmodell aus, welches für kleine Projekte bis circa 30 Personentage geeignet ist. Lies dir die Beschreibung eines solchen Projektes gut durch. Präge dir die Phasen ein und mach dir Notizen, was besonders wichtig ist. Frage dich: Was genau muss getan werden? Schreib auf, welche wesentlichen Dokumente in welchen Phasen notwendig sind. Es kann sein, dass das Vorgehensmodell dir Tipps gibt, welche Methoden du einsetzen solltest. Wenn du dann loslegst und du ein konkretes Thema für dein Projekt bekommen hast, wende dein Wissen in der Praxis an. Wenn du nicht weißt, was zu tun ist, schau in die Unterlagen zum Vorgehensmodell. In deine Projektdokumentation gehört dann die Beschreibung deiner konkreten Tätigkeiten. Die Struktur dieses Dokumentes ist dann automatisch an das Vorgehensmodell angelehnt."

Du willst in einem Projekt das in diesem Buch in Kap. 1 dargestellte Basismodell nutzen. Wie würdest du dir eine Liste mit konkreten Aktivitäten aufstellen? Welche Quellen kämen noch für dich in Frage? Sollte man sich besser ganz genau an das Vorgehensmodell halten oder ist die Mischung zwischen eigenen Vorstellungen und den Vorgaben des Vorgehensmodells besser? Offensichtlich rät Franziska dazu, die konkreten Projektaktivitäten immer in Zusammenhang mit dem Vorgehensmodell zu betrachten und zu dokumentieren. Auf das Basismodell bezogen bedeutet das z. B.: Die Erstellung des Pflichtenheftes gehört

3.6 Projektpraxis

immer zur Konzeption. Was hältst du von der These, dass ein Vorgehensmodell dich nicht nur anleitet sondern auch anregt, über mögliche Alternativen nach zu denken? Bedeutet es für Julia eine Überforderung, wenn sie im Projektalltag neben der eigentlichen Arbeit auch noch das Phasenmodell berücksichtigen und nachlesen soll?

Solltest du ähnliche Fragen haben, so lies im Kap. 1 noch einmal über das Basismodell nach. Dieses könnte Julia nutzen, um die konkreten Aktivitäten zu strukturieren. Wenn sie so vorgeht, wird es z. B. einen Abschnitt über konkrete Tätigkeiten in der Phase Konzeption geben. Dort wird sie darstellen, dass sie ein Use Case-Diagramm genutzt hat, um die funktionalen Anforderungen der neuen Software zu definieren. Über diese Methode kann man im Kap. 2 noch einmal nachlesen.

Johanna und die Auftragsklärung
Johanna arbeitet in einem Softwarehaus und berichtet über einen Kunden, bei dem die Auftragsklärung nicht funktioniert hat.

Sie berichtet: „Der Kunde, ein Unternehmen aus der Touristikbrache, wollte Werbekampagnen mit Hilfe von einer neu zu erstellenden IT-Lösung verwalten. Er versprach sich damit eine zielgenauere Werbung und dementsprechend mehr Umsatz. Natürlich weiß ich als IT-lerin genau, dass es später Probleme gibt, wenn man anfangs das Projektziel nicht richtig definiert oder man sich nicht auf die genauen Funktionen einigen kann. Genau in diese Falle bin ich getappt". Sie berichtet weiter, dass sie von dem Geschäftsführer des Kunden einige Ansprechpartner genannt bekommen hat. Was Johanna von diesen erfuhr, wie diese das Geschäft mit Werbekampagnen sehen und was diese sich an Funktionen wünschten, gefiel aber dem Geschäftsführer ganz und gar nicht. Die Beteiligten hatten einfach unterschiedliche Vorstellungen von der zu erstellenden Software. Sie fragt in die Runde: „Kann ich als IT-Projektleiterin ein gemeinsames Verständnis mit dem Kunden über ein Projekt bekommen, wenn der Kunde sich selber uneins ist?". Logische Konsequenz war, dass das Projekt zunächst gestoppt wurde.

Und dann meint Johanna zusammenfassend: „Ein Projekt wird nur erfolgreich sein, wenn es einen Konsens aller Beteiligten gibt. Softwareerstellung ist nicht nur ein technischer Prozess sondern hat auch viel mit Arbeit mit Menschen zu tun.".

Bist du mit Franziska der Meinung, dass es Projekte geben kann, von denen man besser die Hände lassen sollte? Welche Eigenschaft muss ein Projekt haben, dass du das auch so siehst?

Entscheide bei den folgenden Gründen, ob diese ein Risiko für das Projekt bedeuten können:

- *Unterschiedliche Vorstellungen über die*
  - *zu erstellende Software,*
  - *Entlohnung,*
  - *drohenden technischen Risiken,*
- *mangelnde Unterstützung durch den Kunden.*

Ein Risiko im Projekt ist fehlendes Vertrauen. Welche Tipps kennst du, um dies zu verbessern?

Solltest du dich hierzu noch einmal informieren wollen, so lies im Kap. 1 noch einmal den Abschnitt über die Phase Auftragsklärung durch. Ein Projekt sollte nur dann durchgeführt werden, wenn eine Reihe von Voraussetzungen geprüft und erfüllt sind.

Lena zur Abnahme
Lena berichtet über ein kürzlich abgeschlossenes Projekt, bei dem die Abnahme vom Kunden verweigert wurde. Eine IT-Lösung wurde für einen Maschinenbaubetrieb erstellt. Es ging dabei u. a. um den elektronischen Dokumentenaustausch. Statt Papiere per Post zu versenden, werden wichtige Daten auf elektronischem Wege übermittelt. „Das Projekt ist gut gelaufen". „Nennenswerte Verzögerungen gab es nicht" und „sogar der Probebetrieb hat gut geklappt". Als Projektleiterin hatte Lena mit dem Auftraggeber einen Termin zu einer formalen Abnahme gemacht. Bei diesem Termin berichtete Lena noch einmal an die Projektziele, nannte die Rahmenbedingungen, stellte kurz noch einmal weitere vertragliche Sachverhalte dar und schlug vor, dass man zusammen die Funktionen aus dem in der Konzeption festgelegten Leistungsumfang der Software einmal durchgehen wolle. Dabei stellte sich heraus, dass der Auftraggeber die Abnahme nicht erteilen wollte. Seine Kritikpunkte waren:

- Die Software ist nur auf die bisher genutzten Dokumente ausgelegt. Eine Erweiterung der Schnittstelle für weitere Dokumentarten ist ohne zusätzlichen Programmieraufwand nicht möglich.
- Die Software ist nicht benutzerfreundlich genug. „Eine Hilfefunktion fehlt. Kurzeingaben von Befehlen durch spezielle Tastenkombinationen sind nicht implementiert. Einige Auswertungen fehlen".
- Es gibt keinen Nachweis über die Portierbarkeit der erstellten Programme auf ein anderes Betriebssystem.
- Es gibt keinen Nachweis, dass die Datensicherheitsanforderungen den aktuellen Anforderungen entsprechen.

Lena berichtet: „Da war ich platt. Niemals hat eines dieser Punkte jemals eine Rolle gespielt. Ich hatte das Gefühl, als ob der Auftraggeber sich Anforderungen ausgedacht hätte, damit die rechtlichen Konsequenzen der Abnahme gescheut wurden". Sie spielt in dieser Aussage auch auf die die eventuell vertraglich abgesicherte vollständige Bezahlung der Software bei Abnahme an. „Natürlich habe ich mir selber Vorwürfe gemacht. Was hätte ich als Projektleiterin besser machen müssen? Vielleicht hätte ich dem Kunden das weitere geplante Vorgehen deutlich machen und immer wieder auf die Abnahme verweisen sollen". Und wie die Sache ausgegangen ist? Lena berichtet: „Schließlich haben wir uns mit dem Auftraggeber noch einmal zusammen gesetzt. Das hilft ja eigentlich fast immer. Da ein vom Kunden abgenommenes Pflichtenheft vorlag, hat er schließlich doch die Abnahme erteilt. Aber auf den ganzen Ärger hätte ich gerne verzichtet."

Sollte ein Pflichtenheft immer mit dem Kunden abgesprochen und von ihm abgenommen werden? Was bedeutet „abgenommenes Pflichtenheft"? Wie kann ein Pflichtenheft abgenommen werden?

Welche Regeln sind von dir zu beachten, damit du nicht in eine vergleichsweise schlechte Situation wie Lena zu kommst?

Sind die Aussagen „Die Software ist abgenommen" und „Die Ziele des Softwareprojektes sind erreicht" absolut gleich, oder gibt es einen Unterschied? Könnte der Unterschied mit der Sichtweise auf das Projekt zu tun haben? Was hat die Abnahme mit dem Spannungsbogen eines Projektes zu tun?

Wie sieht der Abnahmeprozess idealerweise aus? Wie kann ein Projektteam die Abnahme vorbereiten? Welche Konsequenzen könnte es haben, wenn die Abnahme nicht erfolgt?

Solltest du dich hierzu noch einmal informieren wollen, so lies im Kap. 1 noch einmal den Abschnitt über die Phase Einführung durch. Diese Phase als „Stunde der Wahrheit" zu bezeichnen, ist zutreffend.

Tobias und Testkultur

Tobias berichtet über das Vorgehen beim Testen von Programmen. „Das Testen muss man sorgfältig planen" – so sein Grundsatz. Und er erklärt: „Programme zu testen ist eigentlich verdeckte Konzeption". Er meint damit: Wenn der Leistungsumfang eines Systems festgelegt wird, so muss jede Funktion des fertigen Systems auch getestet werden können. Wenn man eine Liste aller Funktionen des Systems hat, so lässt sich relativ leicht ein Testplan für die zu erstellenden Programme aufstellen. Dieser Testplan enthält Testfälle. Jeder Testfall wird ausführlich dokumentiert. Mit Testfallnummer, Ziel des Testfalls, mit Angaben zu Eingabedaten und mit der Darstellung der erwarteten Systemreaktion. Tobias doziert: „Wenn man in der Phase Konzeption vergisst, einen Testplan zu erstellen, so kann man dies später nur noch mühsam nachholen". Er begründet seine Meinung: „Man ist als IT-Dienstleister nie wieder so nah an den funktionalen Anforderungen und an den verschiedenen Funktionen dran, wie in der Phase Konzeption". Er hat sich angewohnt, im Anhang des Pflichtenheftes den Testplan zu dokumentieren. „Für die spätere Abnahme gehe ich dann mit dem Kunden genau diesen Testplan durch" erläutert er sein Vorgehen. Dieser Umgang mit dem systematischen Testen hat ihm einen guten Ruf eingebracht.

Und er hat natürlich auch ein Beispiel auf Lager, wo der Umgang mit Testfällen hilfreich war: „Bei einem Auftraggeber aus der Kunststoffbranche sollte ein neues IT-System für die Auftragsverwaltung aufgebaut werden. Ich musste kurzfristig für den firmeneigenen Projektleiter einspringen, als die Konzeptionsphase ‚fast' fertig war. So hieß es jedenfalls. Als ich mir einen Überblick über den Projektstand verschaffen wollte, erkannte ich Schwächen in der Dokumentation. Ein verlässliches, abgestimmtes Dokument gab es einfach noch nicht. Der genaue gewünschte Leistungsumfang, die funktionalen Anforderungen mussten noch einheitlich dokumentiert werden. Es gab zwar einige Präsentationsfolien mit Use Case-Diagrammen. Diese passten aber nicht zu den anderen Dokumenten. Ich plante somit ein komplett neues Pflichtenheft. Von den Kollegen im

Projektteam erntete ich Skepsis. ‚Dauert zu lange', ‚Programmierer warten bereits' waren die Meinungen. Wir haben angesichts der fortgeschrittenen und knappen Zeit daher gemeinsam ein etwas anderes Vorgehen gewählt. Wir haben auf ein vollständiges Pflichtenheft verzichtet und stattdessen uns auf Testfälle konzentriert. Wir sind wirklich alle vorhandenen Dokumente noch einmal durchgegangen und haben nach Testfällen gesucht und einen umfangreichen Testplan aufgebaut. Dieser Testplan war dann so etwas wie die Liste der Anforderungen an das System." so seine Projekterfahrung. In der Designphase und in der Realisierung wurde der Testplan erweitert und entwickelte sich Stück für Stück zu einem sehr wichtigen Dokument. „Dieses Vorgehen war risikoreich. Wir haben sozusagen dem Anhang des Pflichtenheftes mehr Bedeutung gegeben, als den ersten Kapiteln" lautete sein Kommentar noch. „Du musst zweigleisig lernen zu denken" war die Botschaft von Tobias an die KollegInnen. Wenn du eine If-Anweisung programmierst, musst du dich sofort selber fragen, ob diese schon in einem Testfall berücksichtigt ist. Falls nicht, solltest du einen neuen Testfall definieren. Die Kunst bei den Phasen Konzeption, Design und Programmieren ist, parallel am Testplan für die Programme zu arbeiten.

Woran kann man beispielhaft erkennen, ob ein Projektteam eine „gute" oder eine verbesserungswürdige Testkultur pflegt? Wenn es jemand nicht so genau nimmt, wann wird sich dies genau zeigen? Wie würdest du dafür sorgen, dass der Testplan vollständig ist und wirklich alle Funktionen aus dem Pflichtenheft umfasst?

Was hältst du von folgenden Thesen:

- *Das Erstellen eines Testplanes ist zunächst mühselig und aufwändig. Erst später im Projekt rentiert sich dieser.*
- *Manchmal kann man mit Kunden oder Auftraggebern besser über konkrete Testfälle sprechen als über funktionale Anforderungen. Die sind manchem zu abstrakt.*
- *Die Testfälle aus dem Pflichtenheft sollten bei der Abnahme eine Rolle spielen.*
- *Nicht jeder Testfall aus dem Testplan muss bei der Abnahme des Systems mit dem Kunden durchgesprochen werden.*
- *Erstrebenswert ist, wenn man als IT-lerIn selber eine gute Testkultur entwickelt. Immer wenn man etwas erschaffen hat, muss dies sofort überprüft werden.*
- *Der Begriff Testen im Rahmen des Basismodells wird in zweierlei Hinsicht gebraucht: Einmal als das Überprüfen von beliebigen Dokumenten (z. B. durch Review), das andere Mal als Test der fertigen Software.*
- *Man kann jedes Dokument und jedes Programm testen. Alles kann man testen!*
- *Beim Testen von Programmen muss man nach jeder Softwareänderung alle Testfälle noch einmal durchlaufen lassen, um ungewollte Seiteneffekte der Änderung entdecken zu können.*
- *Wenn man Testpläne mit sehr vielen Testfällen abzuarbeiten hat, sollte man über den Einsatz eines speziellen Testwerkzeugs nachdenken.*

Solltest du dich hierzu noch einmal informieren wollen, so lies im Kap. 1 noch einmal den Abschnitt über die Phase Testen durch. Beachte dabei, dass der Begriff Testen manchmal unterschiedlich verwendet wird. Ein Use Case-Diagramm kann getestet werden und auch auflauffähige Programme. Das Basismodell ermahnt dich, sorgfältig und schon möglichst früh im Projektgeschehen zu testen. Im Kap. 3 gibt es Hinweise, wie du in einem Projekt die Testaktivitäten z. B. durch eigene Verzeichnisse und Dokumente unterstützen solltest.

Thorben und die Vorgehensmodelle
Thorben arbeitet in einem kleinen Softwarehaus. Er meint: „Das Vorgehen in unseren IT-Projekten hängt natürlich stark von den Kollegen ab. Einer macht seine Projekte so, der andere anders. Es ist alles auch eine Erfahrungssache. Ich freue mich immer, wenn man sich in einem Projekt auf ein Vorgehensmodell einigt und dessen Regeln konsequent einhält. Dazu kommt dann noch zusätzlich eine zuweilen verwirrende Verwendung von Fachbegriffen. Zum Beispiel benutzt jemand den Begriff ‚Konzeption‘, um die Kundenwünsche präzise zu erarbeiten und zu dokumentieren. Der andere versteht unter dem Begriff Konzeption die Konfigurationsplanung für eine Standardsoftware. Es muss immer wieder an einem gemeinsamen Vorgehen und dem Verständnis der Begriffe gearbeitet werden." Auf kritische Frage hin, welches Vorgehensmodell er denn für sich als Favorit ansieht, wird Thorben allerdings etwas ruhiger. Er sprach dann von „Viele Wege führen nach Rom" und „man muss den Kunden, dessen Kultur und auch den Abteilungsstandard beachten". Darunter versteht Thorben, auf welche Art und Weise in einer Abteilung IT-Projekte im Detail bearbeitet werden. Franziska steuerte zu diesem Thema folgende Thesen bei, denen niemand widersprach:

- Für EinsteigerInnen in die Welt der IT und in IT-Projekte ist es sinnvoll, ein einziges Vorgehensmodell genauer kennen zu lernen.
- „Das beste" Vorgehensmodell wird es nicht geben.
- Wenn in einem Projekt die Wahl für ein bestimmtes Vorgehensmodell gefallen ist, sollten die Regeln dazu möglichst streng befolgt werden.
- Die Wahl für ein bestimmtes Vorgehensmodell wird von den Zielen, den Erfahrungen und der Kultur aller beteiligten Personen abhängig sein.

Würdest du allen Thesen von Franziska zustimmen? Solltest du unsicher sein und dich hierzu noch einmal informieren wollen, so lies im Kap. 1 noch einmal nach, was Vorgehensmodelle auszeichnet und welche unterschiedlichen Vorgehensmodelle es gibt.

Jana und die Kraft von Grafiken
Jana hat früher im Rahmen ihres Studiums das Vorgehensmodell „Basismodell" kennen gelernt. Zudem hat sie noch eine besondere Gabe: Egal welches Problem auftaucht, Jana kann es grafisch veranschaulichen. KollegInnen staunen immer wieder. Kein Wunder, dass sie in der Konzeption- und in der Designphase viel mit Grafik arbeitet. „Eine Grafik sagt mehr als Worte und man behält sie besser", sagt sie gern. Nicht immer werden die Grafiken

so angewandt, wie sie das gerne hätte. Sie berichtet über Fehler und ihre Erfahrungen im Umfang damit:

- „In einem Projekt wurden Prozesshierarchiediagramme so detailliert erstellt, dass sie sinnlos wurden. Wenn es einen detaillierten Geschäftsprozess mit der Bezeichnung ‚Durchführung eines Bewerbungsgespräches gibt', dieser Geschäftsprozess wenig zu tun hat mit IT, so ist das für mich zu fein modelliert. Schließlich hatte das IT-Projekt eine ganz andere Ausrichtung."
- „In einem anderen Projekt wurde für jedes vorhandene Programm ein Schnittstellendiagramm erstellt. Der Ersteller der Diagramme meinte, dass die Analyse des Ist-Zustandes von dieser ‚Fleißarbeit' profitieren könnte. Wir hatten dann ca. 50 sehr detaillierte Schnittstellendiagramme mit konkreter Bezeichnung von Datenstrukturen. Von diesen Dokumenten haben wir etwas später profitiert, weil wir sehr gut und ohne Analyse von Programmcode erkennen konnten, wo und was zu ändern war."
- Aktivitätsdiagramme können beliebig fein werden. In einem Projekt war es üblich, den Ablauf von Use Cases mit Hilfe von Aktivitätsdiagrammen zu beschreiben. Schnell kann ein Aktivitätsdiagramm mehrere Seiten umfassen. Resultat war, dass die erstellten Dokumente unübersichtlich wurden: Die Zuordnung von Aktivitätsdiagrammen und Use Case Beschreibungen wurde nicht mehr les- und verstehbar. „Die Lehre für mich war: entweder nutzt man ein Werkzeug für die Verwaltung von UML Diagrammen – und damit meine ich nicht Office Werkzeuge- oder man limitiert die Logik, die man in den Use Cases festlegt in Bezug auf ihre Komplexität. Aktivitätsdiagramme sind eine Zwischenschicht. Sie liegen zwischen den Geschäftsprozessen des PHDs und den Use Case-Diagrammen. Das muss einem klar sein!", so ihr Impuls.
- Use Case-Diagramme sind „das Beste aus dem Werkzeugkammer der UML". Und das Beste ist, dass sie sowohl in der Phase Konzeption als auch in der Phase Design eingesetzt werden können. Der Trick ist, dass alle UML Diagramme beliebig verfeinert werden können. Die Aussage „das UML Diagramm kann aber noch verfeinern!" gilt immer. „Ich habe festgestellt, dass die UML Beschreibungen aus der Phase Konzeption gerne mit weiteren Informationen über konkrete Programmnamen, Datenbanktabellen und Bildschirmnamen erweitert werden. Für die KollegInnen in der Phase Design ist es sehr angenehm, sich Use Case für Use Case aus der Phase Konzeption zu nehmen und diese um weitere Details zu erweitern. Mit Use Case-Diagrammen und Use Case-Beschreibungen gibt es in meinen Projekten keine Probleme" so die Meinung.
- „Das darfst du nicht dem Kunden zeigen" entfährt es Jana, als die Rede auf Business Object Models kommt. „Wenn du dort eine Klasse LKW mit den Attributen Fahrgestellnummer, Kennzeichen, Hersteller und Typ modellierst, dies dem Kunden vorlegst, fragt er dich sofort, wo denn der neue LKW steckt, der gerade gekauft worden ist." „Ein Business Object Modell ist absolut notwendig, darf dem Kunden aber nur stückweise und unter genauer Erklärung präsentiert werden." „Dies gilt auch für das Zustandsdiagramm und das Object Sequence Diagram. Nutze es für die Kommunikation mit dem

Kunden nur unter genauer Erklärung und sparsam. Es sei denn, der Kunde findet Freude an der abstrakten Darstellungsweise. Dann ist es ein Traum", so ihre Einschätzung.
- „Wie alles zusammen passt, mache ich gerne an einem Beispiel klar. Früher habe ich theoretisch doziert, wie man die verschiedenen Methoden zur Blüte führen kann. Davon bin ich ab." so stellt Jana ihre Erfahrungen dar. „Ich modelliere mit den verschiedenen Diagrammtypen ein kleines Rinnsal, so eine Art Prototyp, an dem sich dann das Projektteam entlanghangeln kann. Das klappt!"

Mit welcher Art von Grafik im IT-Bereich hast du bereits Erfahrung? Kannst du dich noch an die Situation bzw. das Problem erinnern? Denkst du, man muss ein „Händchen fürs Malen" haben, um Grafiken zu erstellen oder kann auch jemand „ohne künstlerisches Talent" solche Grafiken erstellen?

Hast du dir die Grafiken darauf hin schon mal angesehen? Gibt es welche, die dir besonders gut gefallen?

Solltest du dich hierzu noch einmal informieren wollen, so informiere dich über die verschiedenen Methoden im Kap. 2 noch einmal. Diese gehören zum Vorgehensmodell „Basismodel". Achte insbesondere auf Hinweise, wo die Methoden aus Kap. 2 ihre besonderen Stärken haben und wie sie zusammenpassen.

Daniel und die Methoden
Daniel hat sich als Entwickler auf die so genannten frühen Phasen von Projekten spezialisiert. Er meint damit die Aktivitäten, die vor dem Programmieren notwendig sind. Insbesondere der Kontakt mit dem Kunden, das Durchführen von Workshops mit KundenvertreterInnen, das Erarbeiten und Dokumentieren der gewünschten Funktionen macht ihm Spaß. Seine Erfahrung lautet: „Zuerst muss man die Methoden beherrschen. Ich habe mir dazu ein Buch über UML gekauft und damit gearbeitet. Immer wieder habe ich mir selber kleine Probleme gesucht, die ich modellieren konnte. Nach einer Weile habe ich bemerkt, wie man die Methoden wie zum Beispiel Use Case-Diagramme, Aktivitätsdiagramme und Business Objekt Models am besten in Kombination einsetzt. Ich habe auch gemerkt, dass die Grafiken unterschiedlich gut bei Kunden ankommen. Besonders mögen meine Kunden die Use Case-Diagramme. Wenn es nach den Kunden gibt, sollte ich ausschließlich mit denen arbeiten. Kunden mögen die Grafik. Und dass hinter jedem Use Case noch beschreibender Text steht, rundet die Sache noch ab. Dort kann man beliebig genau dokumentieren. Wichtig ist jedenfalls, dass man an die Arbeitsergebnisse gut verwaltet. Sonst ist der eigene Überblick gefährdet. Ich setze dazu gerne ein spezielles Programm ein."

In diesem Buch sind im Kap. 2 knapp mehr als eine Handvoll Methoden dargestellt. Das Basismodell lehrt, dass sie reichen, um Software zu spezifizieren. Es gibt aber noch weitere Methoden. Recherchiere unter dem Betriff UML. Warum gibt es so viele und so unterschiedliche? Warum gibt es keinen Standard? Wird es den deines Erachtens mal geben? Haben Methoden etwas mit Lernprozessen zu tun? Oder haben Vorlieben für Methoden eher etwas mit unterschiedlichen Sichtweisen zu tun? Zum Stichwort Sichtweisen: Kennst du Beispiele, wo unterschiedliche Sichtweisen auf denselben Sachverhalt hilfreich sein können? Vielleicht denkst du mal an Baupläne oder die Sicht auf das Schulgeschehen in Form von Stundenplänen für Schüler und Lehrer. Fällt dir noch mehr ein?

Solltest du dich über UML, mögliche Methoden und über die Kombination von Methoden noch einmal informieren wollen, so lies im Kap. 2 noch einmal nach, was es an Methoden im Vorgehensmodell Basismodell gibt. Beachte dabei auch den Abschnitt: Wie passt das alles zusammen?

Hanna und die Dokumente

„Ordnung ist das halbe Leben" ist einer von Hannas Überzeugungen. In jedem Projektplan von ihr werden Aktivitäten zum Erstellen von Dokumenten berücksichtigt. „So etwas kann man nicht nebenbei machen" so Hannas Überzeugung. Und jedes Dokument hat seinen wohldefinierten Speicherort. Egal ob es sich um einen Vertrag, ein fachliches Thema oder um ein Dokument zum Projektmanagement handelt. „Im Grund ist ein IT-Projekt doch nur Dokumentenherstellung." lautet eine weitere Grundüberzeugung von ihr. Hanna kennt Geschichten über Projekten deren Datenbasis mehr einer „lose Blatt Sammlung" als einer wohlgeordneten Ablage ähnelten. „Kein Wunder – Dokumente zu erstellen macht Arbeit und rentiert sich erst später". Hanna berichtet:

- „Vertragsunterlagen sind mal aus Versehen von einem Projektmitarbeiter verändert worden. Gut, dass wir noch Sicherungen hatten und die Originalverträge rekonstruieren konnten", sagt Hanna.
- Einmal sind Use Case-Diagramme und deren Beschreibungen teilweise doppelt entwickelt worden. Die bereits vorhandenen Diagramme waren an einer fachlich ungeeigneten Stelle auf dem dafür vorgesehenen Verzeichnis abgespeichert.
- Einmal war ein Projektverzeichnis zur Speicherung von den entwickelten Programme „historisch gewachsen". Es gab dann Verzeichnisse mit ganz ähnlichen Namen. Die Entwickler haben aufgrund der unklaren Struktur und Namen einmal eine bereits veraltete Softwareversion weiterentwickelt. Dies musste bereinigt werden. Dabei sind einige Stunden Arbeit angefallen, die man sich gerne gespart hätte.

Hanna fühlt sich im gewissenhaften Umgang mit Dokumenten immer wieder bestätigt.

Immer wieder hat man mit vielen Dokumenten zu tun. Wie gehst du mit Dokumenten um? Bist du jemand der genau über Formulierungen nachdenkt? Der nach jedem Satz überlegt, ob dieser auch zur Abschnittsüberschrift passt? Denkst du auch an den Leser und dessen Verständnis? Hat jedes Dokument bei dir seinen Zweck und auch seinen Platz, wo du es wieder findest? Wie gehst du damit um, wenn es mehrere Versionen eines Dokumentes gibt? Wie zum Beispiel verschiedene Versionen von Dokumentationen oder Programmen?

Solltest du dich über die Dokumente und Dokumentation in IT-Projekten noch einmal informieren wollen, so lies noch einmal den Abschnitt über Projektdokumente aus dem Kap. 3 nach.

3.6 Projektpraxis

Felix und das große Team

Felix hat keinen Arbeitgeber sondern ist freiberuflich tätig. Er hat schon an vielen Orten und Projekten gearbeitet. Er weiß genau, wie wichtig eine gute Projektplanung ist. Er hat schon erlebt, dass ein Projekt mit viel zu wenig Personal ausgestattet war. Aber er kennt auch das Gegenteil. Ein Projektteam kann auch zu groß sein. Felix berichtet von so einem Fall. Der Auftraggeber, eine große Firma, wollte ein IT-Projekt durchführen. Es waren immerhin 12 Personen unter Vertrag gestellt worden. Man wollte zügig fertig werden. Aber das Projekt war noch nicht so weit. Der Auftraggeber hatte seine Hausaufgaben, die wir ihm auch nicht vollständig abnehmen konnten, noch nicht gemacht. Es gab noch keine hinreichend konkreten Vorstellungen was am Ende des Projektes erstellt sein soll. Damit gab es nicht genug zu tun für das komplette Team. Die Verantwortlichen beim Auftraggeber waren in einer schweren Lage. Jetzt hatten sie sich sozusagen ein Team gemietet und zu wenig Arbeit dafür. Der Vorschlag stand im Raum, nur mit einem Kernteam von drei Personen die Arbeit zu beginnen. Die hätte zur Folge gehabt, dass die anderen Personen hätten nach Hause geschickt werden müssen. Aufgrund dieser schweren Projektsituation habe ich das Projektteam verlassen und mich anderen Aufgaben gewidmet. Später habe ich gehört, dass sich die Situation im Projektteam nicht verbessert hat und es zu einem Stopp der Projektaktivitäten geführt hat. Felix zieht daraus folgende Konsequenz: „Eine Projektplanung muss immer auch gewisse Risiken berücksichtigen. Ich persönlich halte es für besser, mit einem kleinen Projektteam zu starten und dies dann bedarfsgerecht zu erweitern." Natürlich gab es darauf Widerspruch: „Du kennst doch das Projektmanagementdreieck. Wenn der Kunde wenig Zeit hat, muss er eben höhere Kosten in Kauf nehmen. So ist das halt."

Meinst du, dass man allgemeine Regeln für optimale Teamgrößen angeben kann? Wovon hängt dann die Projektgröße ab? Wer entscheidet aus deiner Sicht über die Projektgröße? Was spricht dafür, dass es ein konstantes Projektteam von Anfang bis Projektende gibt und was spricht eher dafür, in jeder Projektphase ein neues Projektteam zu beauftragen?

Ist dir das Projektmanagementdreieck schon mal in irgendeiner Form begegnet? Ist dessen Botschaft zu beschreiben mit „Man kann nicht alles haben"?

Solltest du dich hierzu noch einmal informieren wollen, so lies noch einmal den Abschnitt über Projektmanagement aus dem Kap. 3 nach.

Tim und das Projektmanagement

Tim leitet Projekte in Deutschland und auch im benachbarten Ausland. Meist geht es um komplexe Anwendungen, die entwickelt werden müssen. Als Projektleiter muss er dabei nicht nur die technischen Fragestellungen im Blick haben. Mindestens genauso wichtig ist es, den Kontakt zum Kunden zu pflegen. „An manchen Tagen habe ich nicht so eine Lust, zu telefonieren. An anderen Tagen geht es besser." lautet einer seiner Erklärung zum Arbeitsalltag. Auch der Umgang mit den verschiedenen Projektteams, den unterschiedlichen Personen ist nicht immer leicht. Manchmal behauptet er: „Als Projektleiter musst du immer drei Bälle in der Luft haben, um die du dich kümmern musst: Kunde, Projektteam und Technik". Manchmal wird Tim gefragt, was er denn so macht. Er bringt dann seinen Beruf auf den Punkt: „Ich muss nur vier Dinge tun: Sorgen, dass es Projekte gibt, und die Planung dafür. Dann muss ich die Planung durchsetzen und danach nur noch das Projekt abschließen. Dafür verdiene ich mein Geld."

Offensichtlich spricht Tim die vier Projektmanagementphasen an. Diese kannst du im Abschn. 3.5.2 noch einmal nachlesen. Diese Projektmanagementphasen sind die Projektinitialisierung, die Projektplanung, die Projektsteuerung und der Projektabschluss. Vielleicht überlegst du dir, ob dies auch eine berufliche Perspektive für dich sein kann. Natürlich braucht es Erfahrung und persönlichen Einsatz. Aber es klingt doch gut, dass man im Grunde nur vier Dinge können muss. Bist du anderer Meinung?

Jan und die Änderungswünsche

„In jedem Projekt gibt es Änderungswünsche des Kunden" lautet die Erfahrung von Jan, der schon in vielen Projekten gearbeitet hat. „Da musst du aufpassen und lernen, damit um zu gehen. Wenn du das nicht tust, ist am Ende niemand zufrieden." Er erklärt weiter: „Wenn der Kunde wirklich Änderungswünsche für das IT-Projekt hat, es klar ist, dass diese durchgeführt werden müssen, so informiere den Kunden und den Lenkungsausschuss umfassend über die Änderungswünsche und die möglichen finanziellen Konsequenzen. Passe den Projektplan an und sorge für eine Überprüfung und ggf. Ergänzung aller Dokumente, die die fachlichen Themen beleuchten. Ich führe immer ein Projektlogbuch. Das hat sich bewährt."

Hast du schon von Projekten gehört, die sich immer weiter verteuern? Hast du schon mal von einem Projekt gehört, wo am Anfang genau fest stand, wie das Ergebnis aussehen soll? Gilt die These: Je mehr Mühe sich alle Beteiligten machen und je kleiner der Projektaufwand ist, umso geringer ist die Wahrscheinlichkeit von Änderungswünschen während des Projektes.

Eine Änderung in den Kundenwünschen kann ganz unterschiedliche Reaktionen erfordern. Inhalte aller drei Kapitel können betroffen sein. Denkbar ist beispielsweise, dass man ein Vorgehensmodell wählt, welches der Situation angepasst ist. Wenn Änderungswünsche des Kunden sehr wahrscheinlich sind, wird man da eher ein agiles Vorgehensmodell wählen oder das Basismodell?

Ivo und das Studium der Wirtschaftsinformatik

Ivo arbeitet als Hochschullehrer. Immer ist er sehr stolz auf seine Studentinnen und Studenten. Er erzählt zum Beispiel gerne mit funkelnden Augen, was für interessante Praxisprojekte sie erledigt haben und wie zufrieden die Betriebe sind. Aber einmal hat die Runde ihn auch an sich selbst zweifeln gehört: „Wenn ich an das Thema ‚Methoden der Softwareentwicklung' denke, bin ich manchmal verwirrt: Ich selbst brenne dafür, aber die Studies erkennen nicht, dass ich ihnen hilfreiches Wissen an die Hand gebe! Warum glaubt kaum jemand, dass das Hineindenken in die vielen Methoden sinnvoll ist? Warum kommt das Thema nicht so spannend rüber? Kann mir hierzu mal jemand etwas sagen?"

3.6 Projektpraxis

Was meinst du? Was würdest du Ivo antworten? Kannst du meist erkennen, wozu der Lernstoff gut ist? Hast du mal mit Betreuern und Lehrern gesprochen, damit diese die Frage „Warum sollst du das lernen?" deutlicher beantworten? Ist dir dies beim Lesen eines Buches immer klar geworden? Wenn nein: Was hindert dich, den Autoren eine Rückmeldung zu geben?

Viele unterschiedliche Eindrücke über die Arbeit in IT-Projekten hat Franziska selber gesammelt oder beim Informationsaustausch mitbekommen. Du hast jetzt eine Auswahl gelesen, die für den Stoff dieses Buches relevant war. Du wirst deine persönlichen Erfahrungen machen und wir als Autoren haben eine Bitte: Lass deine Mitmenschen von deinen Erfahrungen profitieren.

3.7 Zusammenfassung

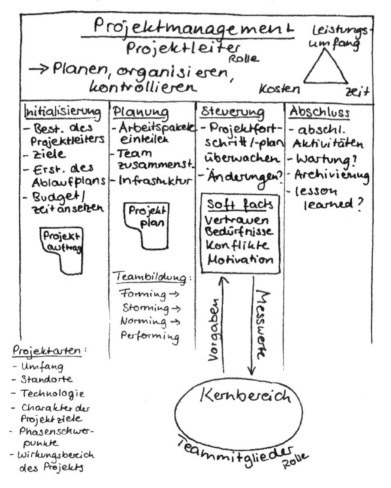

3.8 Übungsfragen zum Kapitel

Übungen zum Thema: Was ist ein Projekt?

1. Was ist ein Projekt? Erläutere seine Merkmale!
2. Erläutere drei Rollen aus der Projektorganisation.
3. Was bedeutet: Projektzielen sollten SMART sein?
4. Beschreibe, mit welcher Form einer Veranstaltung ein Projekt idealerweise startet!
5. Überlege, ob es sich bei den genannten Vorhaben um Projekte im dargestellten Sinn handelt. Im Zweifelsfall überlege jeweils, unter welchen Voraussetzungen du von einem Projekt sprechen könntest:
   - Taktische und personelle Neuausrichtung einer Bundesliga-Fußballmannschaft durch den Trainer,
   - Zähneputzen,
   - Test eines komplexen IT-Systems mit Hilfe eines ausführlichen Testplans,
   - Umzug in eine andere Stadt,
   - Diskobesuch am Samstag,
   - Planung einer komplett neuen Küche incl. Raumumgestaltung,
   - Übernahme von Daten aus dem alten in ein neues IT-System,
   - Auswahl, Buchung und Teilnahme an einer Ostsee-Angel-Tour,
   - Werbekampagne für ein Handy,
   - Auswahl einer neuen Büro-Standardsoftware bei einem Kleinbetrieb durch den Geschäftsführer.

Übungen zum Thema: Arten von Projekten

6. Was ist eine Machbarkeitsstudie?
7. Was sind die drei wichtigsten Aufgaben der Projektleiterin?
8. Wie findet sich ein Team zusammen? Welche Phasen gibt es?
9. Welche Aufgaben hat eine Qualitätsmanagerin in einem Projekt?
10. Was ist ein Lenkungsausschuss?

Übungen zum Thema: Projektdokumente

11. Was ist ein Testplan?
12. Erläutere Dokumente zum Projektmanagement!
13. Was ist ein Änderungsprotokoll?
14. Was ist ein Projektstatusbericht?
15. Erläutere sechs verschiedene Informationen, die ein Projektauftrag enthält!
16. Welche Inhalte hat eine Projektübersicht?
17. Was ist ein Projektlogbuch?

18. Erstelle einen Projektauftrag für ein beliebiges Projekt. Studiere dazu Abschn. 3.4.1 um zu erfahren, was ein Projektauftrag enthält.
19. Erstelle eine Projektübersicht über ein beliebiges Projekt.

Übungen zum Thema: Was ist Projektmanagement?

20. Erläutere das Projektmanagement-Dreieck!
21. Wie hängt die Prozessplanung mit der Steuerung zusammen?
22. In welchen Phasen läuft das Projektmanagement ab?
23. Wie hängen die Phasen des Projektmanagements mit dem Kernbereich/den Projektphasen zusammen?
24. Was passiert in der PM-Phase Projektplanung?
25. Was passiert in der PM-Phase Projektabschluss?
26. Was leistet Projektmanagement-Software?
27. Für jedes Arbeitspaket gilt es, den Aufwand, den Ablauf, die Ressourcen und die Kosten zu planen. Suche dir ein Arbeitspaket deiner Wahl und erarbeite diese Angaben.
28. Kennst du die vier PM-Phasen und kannst deren wesentlichen Aufgaben nennen?
29. Fasse dein Wissen zu den PM-Phasen in folgender Tabelle zusammen:

PM-Phase	Um was geht es?	Was sind wichtige Ergebnisse?
Initialisierung		
Planung		
Steuerung		
Abschluss		

Literatur

Beck, K.: Extreme Programming explained. Embrace Change. Reading 2000

Broy, M.; Rombach, D.: Software Engineering. Wurzeln, Stand und Perspektiven. In: Informatik Spektrum 25(6), S. 438–451, Berlin Heidelberg 2002

Deutsches Institut für Normung e. V.(Hrsg.): DIN 69901. Projektwirtschaft; Projektmanagement; Begriffe. Berlin 2001

Lindgren, A.: Michel aus Lönneberga, Jubiläumsedition. Hamburg 2007

Oestereich, B.: Objektorientierte Softwareentwicklung. Analyse und Design mit der UML 2. München, Wien 2006

Pichler, R.: Scrum – Agiles Projektmanagement erfolgreich einsetzen. Heidelberg 2008

Rausch, A.; Broy, M.; Bergner, K.; Höhn, R.; Höppner, S.: Das V-Modell XT. Grundlagen, Methodik und Anwendungen. Heidelberg 2007

Royce, W.: Managing the Development of Large Software Systems. In: Proceedings Westcon, IEEEPress, S. 328–339, 1970

Rupp, C; Queins, S., Zengler, B.: UML 2 glasklar. Praxiswissen für die UML-Modellierung. München, Wien 2007

Sneed, H.; Baumgartner, M.; Seidl, R: Der Systemtest. Anforderungsbasiertes Testen von Software-Systemen. München, Wien 2006

Steinweg, C.: Management der Software-Entwicklung. Projektkompass für die Erstellung von leistungsfähigen IT-Systemen. 6. Auflage. Braunschweig/Wiesbaden 2005

Tuckman, B.W.: Developmental Sequence in Small Groups. Psychological Bulletin, Volume 63, Number 6, Pages 384–399

Lernindex

A
Abschlusssitzung, 142
Aggregation, 73
Akteur, 54, 59
Aktion, 51
Aktivität, 50
Aktivitätsdiagramm, 48
Änderungsprotokoll, 118
Anwendungsfall, 58
Arbeitspaket, 120, 133, 139
Assoziation, 71
Attribut, 70
Auftragsklärung, 8

B
Basismodell, 5
Benutzerhandbuch, 118
BOM, 69
Business Object Model, 69

C
CASE-Tool, 86

D
Design, 13

E
Einfachste OSD, 83
Einführung, 16
Entity-Relationship-Diagramme, 77
Ereignis, 80
Erforschungsprojekt, 106
Extreme Programming, 27

F
Funktionale Anforderungen, 11

G
Geschäftsablauf, 48
Geschäftsbereich, 40
Geschäftsprozess, 37, 40, 56
Geschäftssicht, 45
Granularität, 86

I
Informationspflicht, 140
Infrastruktur, 133
IT-Sicht, 45

K
Kardinalität, 71
Kick-Off-Workshop, 132
Klassendiagramm, 69
Komponenten, 83
Komposition, 73
Konzeption, 10
Kostenplanung, 137
Kunde, 109
Kundenprojektleiter, 111

L
Lastenheft, 12
Lenkungsausschuss, 116
Lösungsalternativen, 12

M
Machbarkeitsstudie, 106
Management-Kick-Off-Workshop, 132
Meilenstein, 119
Methode, 4, 70, 82
Mitwirkungspflicht, 110

N
Namens – Chaos, 86

Nicht-funktionale Anforderungen, 87
Nutzwertanalyse, 12

O
Objekt, 69, 82
Objekt Sequenz Diagramm, 81
OSD, 81

P
Personalentwicklung, 112
Pflichtenheft, 12
Phasenschwerpunkte, 106
PHD, 38
Programmablaufplan (PAP), 57
Projekt
    Änderungen, 140
    Anfang und Ende, 100
    Arten, 104
    Auftraggeber, 102, 106
    Budget, 102
    Definition, 98
    Einmaligkeit, 101
    Komplexität, 101
    Kriterien, 99
    Projektorganisation, 103
    Puffer, 135
    Risiko des Scheiterns, 103
    Status, 139
    Störungen, 141
    Ziel, 100
Projektabschluss, 129, 142
Projektakte, 122
Projektauftrag, 118, 119
Projektdimension, 104
Projektdokument, 117
Projektfortschritt, 139
Projektgeschehen, 98
Projektinitialisierung, 129, 130
Projektleiter, 111
    Aufgaben, 111
    Qualifikation, 112
Projektlogbuch, 122
Projektmanagement, 123, 124
    Definition, 124
    Phasen, 129
    Steuerung, 127
Projektmanagementdreieck, 125
Projektmanagementsoftware, 137
Projektplan, 118, 120, 129
Projektplanung, 129, 132
Projektstandort, 105
Projektstatusbericht, 118
Projektsteuerung, 129, 138
Projektübersicht, 118, 121
Projektverzeichnis, 122
Projektziel, 100, 105, 119, 131
Prozessbeschreibung, 56
Prozesshierarchiediagramm, 37
Prozesskette, 57
Prozessplanung, 127

Q
Qualitätsmanager, 115

R
Rahmenbedingungen, 119
Realisierung, 15
Regelkreis, 127
Ressourcen, 134
Review, 20
Risikofaktor, 119
Rolle, 21, 108
Roll-Out, 18

S
Schlüsselperson, 131
Schnittstelle, 42
Schnittstellendiagramm, 42
Scrum, 30
Softwarearchitektur, 83
Spiralmodell, 25
State machine, 80
Status, 139
Steuerung, 127
Structered analysis (SA), 47
Synchronisation, 52
Systemgrenze, 61, 82

T
Teamentwicklung, 113
Teammitglied, 113
Team-Kick-Off-Workshop, 132
Teamzusammenstellung, 112
Technische Systemdokumentation, 118
Technologie, 105
Terminplanung, 134
Testen, 18
Testfall, 20
Testplan, 20, 117

U
UML, 35
Unified Modelling Language, 35
Use Case Beschreibung, 61
Use Case Diagramm, 58

V
Vererbung, 75
Vertrag, 117, 138
Vorgehensmodell, 3
V-Modell, 24

W
Wartungsprojekt, 107, 143
Wasserfallmodell, 23
Weiche Faktoren, 142

Z
Ziel, 100
Zielplattform, 14
Zusammenspiel, 85
Zustand, 80
Zustandsdiagramm, 77

Lizenz zum Wissen.

Sichern Sie sich umfassendes Technikwissen mit Sofortzugriff auf tausende Fachbücher und Fachzeitschriften aus den Bereichen: Automobiltechnik, Maschinenbau, Energie + Umwelt, E-Technik, Informatik + IT und Bauwesen.

Exklusiv für Leser von Springer-Fachbüchern: Testen Sie Springer für Professionals 30 Tage unverbindlich. Nutzen Sie dazu im Bestellverlauf Ihren persönlichen Aktionscode C0005406 auf www.springerprofessional.de/buchaktion/

Springer für Professionals.
Digitale Fachbibliothek. Themen-Scout. Knowledge-Manager.

- Zugriff auf tausende von Fachbüchern und Fachzeitschriften
- Selektion, Komprimierung und Verknüpfung relevanter Themen durch Fachredaktionen
- Tools zur persönlichen Wissensorganisation und Vernetzung

www.entschieden-intelligenter.de

Springer für Professionals

Printed in Poland
by Amazon Fulfillment
Poland Sp. z o.o., Wrocław